¡AL RICO PICADILLO!

¡AL RICO PICADILLO!

LAS MEJORES RECETAS CON CARNE MOLIDA

This edition published by Parragon Books Ltd in 2014 and distributed by:

Parragon Inc.
440 Park Avenue South, 13th Floor
New York, NY 10016, USA
www.parragon.com/lovefood

LOVE FOOD is an imprint of Parragon Books Ltd

ISBN: 978-1-4723-5967-4

Impreso en China/Printed in China

Nuevas recetas: Beverly Le Blanc
Introducción y otros textos: Anne Sheasby
Nuevas fotografías del interior: Clive Streeter
Economía doméstica nueva: Theresa Goldfinch
Nueva fotografía de la cubierta: Mike Cooper
Diseño adicional: Geoff Borin y Siân Williams
Ilustraciones del interior: Nicola O'Byrne y Julie Ingham

Traducción: Carme Franch para Delivering iBooks & Design
Redacción y maquetación: Delivering iBooks & Design, Barcelona

Notas:
En este libro las medidas se dan en los sistemas métrico e imperial. Cuando el nombre de algún ingrediente varía de una región del ámbito hispánico a otra, se ha procurado ofrecer las variantes. Se considera que 1 cucharadita equivale a 5 ml y 1 cucharada, a 15 ml; asimismo, las tazas indicadas en las medidas son rasas. Si no se da otra indicación, la leche será siempre entera; la mantequilla, con sal; los huevos, grandes; las verduras u hortalizas, de tamaño medio, y la pimienta, negra y recién molida. Si no se da otra indicación, lave y pele las hortalizas de raíz antes de añadirlas a las recetas.

Las guarniciones y sugerencias de presentación son opcionales y no siempre se incluyen en la lista de ingredientes o la preparación. Los tiempos indicados son orientativos. Los tiempos de preparación pueden variar de una persona a otra según su técnica culinaria; asimismo, también pueden variar los tiempos de cocción. Los ingredientes opcionales, las variaciones y las sugerencias de presentación no se han incluido en los cálculos.

Las recetas que llevan huevo crudo o poco hecho no están indicadas para niños, ancianos, mujeres embarazadas ni personas convalecientes o enfermas. Se recomienda a las mujeres embarazadas o lactantes que no consuman cacahuetes ni productos derivados. Las personas alérgicas a los frutos secos deberán omitirlos en las recetas que los lleven. Lea siempre con atención el envase de los productos antes de consumirlos.

ÍNDICE

PARA TODOS LOS GUSTOS

La carne picada es el ingrediente principal de platos exquisitos de todo el mundo. Sustanciosos y caseros en su mayoría pero también económicos y frugales, todos tienen en común que están para mojar pan.

Con carne picada de buey, cerdo, cordero, pavo, pollo, venado o ternera se elaboran recetas sabrosas pero baratas.

Para prepararlas se seleccionan varias partes del animal, sobre todo los cortes más económicos. Suelen ser asequibles, aunque las variaciones de calidad y contenido graso se reflejan en parte en el precio. Por ejemplo, la carne picada de buey de la carnicería suele llevar parte de cortes más caros. Tanto en la carnicería como en el supermercado encontrará carne

recién picada, aunque también puede pedir que se la piquen en el momento. No solo se vende envasada sino también congelada.

La carne roja picada es rica en proteínas, con un contenido variable de grasas y grasas saturadas. La estándar sale más barata pero también es más grasa; la que se obtiene de la aguja, relativamente asequible y con una buena cantidad de grasa, es ideal para hacer hamburguesas, y el redondo y el solomillo, los cortes más caros, son menos grasos y buenos para salsas y pasteles de carne.

Hoy en día es fácil encontrar pollo y pavo picados, tanto la versión magra elaborada únicamente con las pechugas como la que incorpora la carne oscura del ave. El pavo y el pollo son bajos en grasa y ricos en proteínas, y constituyen una alternativa ligera y saludable al buey picado para hacer hamburguesas y albóndigas.

La carne picada de cerdo y cordero también es el ingrediente principal de muchas recetas. El venado es menos habitual, aunque siempre puede encargarlo en su carnicería de confianza.

En establecimientos de dietética también encontrará un sucedáneo de la carne picada: la proteína vegetal texturizada. Este producto no cárnico de gran calidad es rico en proteínas y apto para vegetarianos (pero no para veganos porque tiene huevo). Es bajo en grasa y sodio y no contiene colesterol, además de ser una buena fuente de fibra. Con esta alternativa vegetariana a la carne picada podrá elaborar desde hamburguesas y guisos hasta lasaña.

PLATOS RECONFORTANTES

POLLO A LA CREMA CON GUISANTES Y MAÍZ

PARA: 4-6 PERSONAS

PREPARACIÓN:
10 MINUTOS

COCCIÓN:
15-20 MINUTOS

INGREDIENTES

3 cucharadas de aceite de girasol

450 g/1 lb de pollo recién picado

1 cucharadita de tomillo o eneldo y 1 pizca de cayena

1 cebolla y 1 pimiento (ají) rojo grande sin las semillas, picados

2 dientes grandes de ajo picados

2 cucharadas de harina

300 ml/1¼ tazas de leche

100 g/⅔ de taza de guisantes (arvejas) congelados

200 g/1⅓ tazas de maíz (elote) en conserva escurrido y enjuagado

sal y pimienta, al gusto

perejil picado, para adornar

1. Caliente 2 cucharadas del aceite en una sartén grande. Eche el pollo, el tomillo y la cayena, salpimiente y remueva con una cuchara de madera de 4 a 6 minutos para deshacer los grumos de carne, hasta que empiece a tomar color. Retírelo con la espumadera y resérvelo en un bol.

2. En la misma sartén, rehogue la cebolla y el pimiento con el resto del aceite sin dejar de remover de 3 a 5 minutos, hasta que la cebolla esté tierna. Añada el ajo y remueva 30 segundos más.

3. Esparza la harina por encima de las hortalizas y rehóguela 1 minuto. Incorpore la leche poco a poco sin dejar de remover hasta que se forme una salsa homogénea y cremosa.

4. Devuelva el pollo a la sartén y añada los guisantes y el maíz. Llévelo a ebullición y, después, baje el fuego y cuézalo, sin tapar, 5 minutos o hasta que los guisantes estén tiernos. Rectifique la sazón. Adórnelo con perejil picado y sírvalo enseguida.

CALABAZA RELLENA DE POLLO

PARA: 4 PERSONAS

PREPARACIÓN: 20 MINUTOS

COCCIÓN: 1 HORA

INGREDIENTES

3 cucharadas de aceite de oliva al ajo o sin él

2 calabazas (zapallos ancos) pequeñas o 1 grande partidas por la mitad a lo largo, sin las semillas ni las fibras y con la pulpa marcada en forma de zigzag

450 g/1 lb de pollo recién picado

1 cebolla roja picada

½ cucharadita de copos de guindilla (ají picante, chile) machacados, o al gusto

100 g/3½ tazas de espinacas tiernas

nuez moscada recién rallada, al gusto

4 cucharadas/¼ de taza de piñones tostados

100 g/⅔ de taza de feta escurrido y desmenuzado

2 cucharadas de perejil picado

sal y pimienta, al gusto

ensalada verde, para acompañar

1. Precaliente el horno a 200 °C (400 °F). Unte las mitades de calabaza con 1 cucharada de aceite, póngalas en la bandeja del horno con la parte cortada hacia arriba y áselas en el horno precalentado 45 minutos, o hasta que estén tiernas.

2. Mientras tanto, caliente el resto del aceite a fuego medio-fuerte en una cazuela. Eche el pollo, la cebolla y la guindilla, salpimiente y remueva con una cuchara de madera de 4 a 6 minutos para deshacer los grumos de carne, hasta que esté hecho.

3. Añada las espinacas y nuez moscada, suba la temperatura y remueva hasta que el líquido de las espinacas se evapore. Resérvelo en un bol.

4. Saque las mitades de calabaza del horno (pero no lo apague) y déjela enfriar un poco hasta que pueda manipularla.

5. Retírele la pulpa con una cuchara, dejando una fina cáscara. Pique bien la calabaza y mézclela en un bol con los piñones, el feta y el perejil. Rectifique la sazón.

6. Reparta el relleno entre las cáscaras de calabaza. Devuélvalas al horno y cuézalas 10 minutos más, o hasta que el queso se derrita. Si ha utilizado una calabaza grande, pártala en 4 trozos. Sírvalo con ensalada verde.

HAMBURGUESAS DE POLLO CON BEICON

PARA: 4 PERSONAS

PREPARACIÓN: 10 MINUTOS, MÁS REFRIGERACIÓN

COCCIÓN: 10–15 MINUTOS

INGREDIENTES

450 g/1 lb de pollo recién picado

1 cebolla rallada

2 dientes de ajo majados

55 g/⅓ de taza de piñones tostados

55 g/½ taza de gruyer rallado

2 cucharadas de cebollino (cebollín) picado y 2 de harina integral

8 lonjas de beicon (tocino) magro

1-2 cucharadas de aceite de girasol

sal y pimienta, al gusto

PARA SERVIR

4 panecillos de hamburguesa abiertos

rodajas de cebolla roja, lechuga

4 cucharadas/¼ de taza de mayonesa

cebolletas (cebollas tiernas o de verdeo) picadas

1. Ponga el pollo, la cebolla, el ajo, los piñones, el queso y el cebollino en el robot de cocina o la batidora y salpimiente. Triture los ingredientes en intervalos breves. Vuelque el picadillo sobre una tabla de cocina y dele forma de 4 hamburguesas. Rebócelas con la harina, tápelas y refrigérelas 1 hora.

2. Envuelva cada hamburguesa con 2 lonjas de beicon, fijándolas con un palillo.

3. A continuación, caliente una sartén de base gruesa a temperatura moderada y vierta el aceite. Cuando esté caliente, fría las hamburguesas a fuego medio 5 o 6 minutos por cada lado, o hasta que estén hechas y suelten un jugo transparente.

4. Reparta las hamburguesas entre los panecillos y añada cebolla roja, lechuga, 1 cucharada de mayonesa para cada una y cebolleta. Sírvalas enseguida.

¡GRAN IDEA!

Para dar otro sabor y textura a estas suculentas hamburguesas, sustituya los piñones por almendra laminada o anacardos sin sal. Si los frutos secos estuvieran enteros, píquelos y, si lo prefiere, tuéstelos un poco.

PASTEL DE PAVO

PARA: 4 PERSONAS

PREPARACIÓN:
20 MINUTOS

COCCIÓN:
1 HORA, APROX.

INGREDIENTES

125 g/1 taza de judías verdes
(chauchas) troceadas

1 zanahoria grande en dados

2 hojas de laurel

2 cucharadas de aceite
de girasol

450 g/1 lb de pavo recién
picado

1 puerro (poro) en rodajitas

125 g/2 tazas de champiñones
oscuros en láminas

4 cebolletas (cebollas tiernas
o de verdeo) picadas

1 cucharadita de estragón

3 cucharadas de harina

5 cucharadas/⅓ de taza
de leche

1 huevo mediano batido

1 lámina de masa quebrada,
descongelada si fuera
necesario

semillas de sésamo,
para espolvorear

sal y pimienta, al gusto

1. Precaliente el horno a 190 °C (375 °F). Ponga a hervir agua con un poco de sal en una cazuela y escalde las judías, la zanahoria y el laurel 3 minutos, o hasta que las hortalizas estén tiernas pero aún enteras. Cuélelas, reservando 5 cucharadas (⅓ de taza) del líquido de cocción, y deseche el laurel.

2. Mientras tanto, caliente el aceite en una sartén. Rehogue el pavo con el puerro, removiendo con una cuchara de madera para deshacer los grumos de carne 3 minutos, o hasta que empiece a estar hecho. Añada los champiñones, salpimiente y remueva hasta que absorban el líquido que suelten. Incorpore la cebolleta, el estragón, la zanahoria y las judías.

3. Esparza la harina por encima del picadillo y remueva 1 minuto más. Vierta la leche y el líquido de cocción reservado y llévelo a ebullición. Baje el fuego y cuézalo 2 minutos a fuego lento. Rectifique la sazón.

4. Pase el picadillo a una fuente redonda refractaria con reborde de 1,2 litros (1 cuarto de galón) de capacidad y pinte el contorno con huevo batido. Añada la lámina de masa, presionándola bien alrededor del contorno, y recórtela a ras del reborde. Píntela con huevo batido, esparza el sésamo por encima y haga un orificio en el centro. Coloque la fuente en la bandeja del horno y cueza el pastel en el horno precalentado 40 minutos, o hasta que se dore bien. Sírvalo enseguida.

16

HECHO PICADILLO

El término «carne picada» se refiere tanto a la carne que se pasa por la picadora o el robot para picarla o partirla en trozos muy pequeños como a la que se trocea bien fina (un filete, por ejemplo) con un cuchillo afilado.

En la carnicería y el supermercado encontrará todo tipo de carne picada, aunque si dispone del aparato adecuado también puede picarla en casa. De este modo sabrá de dónde proviene la carne y podrá escoger el tipo de corte que prefiera y controlar la calidad y la frescura.

Si va a hacerlo asiduamente, vale la pena que adquiera una picadora de carne de buena calidad. Se trata de un electrodoméstico que sirve para picar todo tipo de carne cruda. Existen distintos modelos, aunque el funcionamiento básico y el mecanismo es similar. Podrá elegir desde la picadora de hierro fundido a manivela de toda la vida hasta las sofisticadas picadoras eléctricas, con

diferencias de precio considerables. Algunas amasadoras también permiten acoplar un accesorio para picar carne. Siga siempre las indicaciones del fabricante para montar y manipular la picadora, así como los consejos de seguridad y limpieza. Lea atentamente las instrucciones antes de utilizarla.

La carne también puede picarse en el robot de cocina equipado con una cuchilla metálica, aunque con precaución para que no quede triturada (lo mejor es accionarla en intervalos cortos). Para obtener mejores resultados, corte la carne en dados y píquela por tandas.

Si pica carne en casa, elija el corte sin hueso indicado en la receta que vaya a preparar. Haga pruebas con distintos cortes para ver los resultados. Lo mejor son los cortes entreverados con grasa, ya que las carnes muy magras suelen quedar secas y menos gustosas. Eso sí, antes de picarlos deberá retirar los nervios, los tendones y buena parte de la grasa. Asimismo, es mejor que la carne esté bien fría, ya que así estará más consistente y le resultará más fácil picarla. Algunos fabricantes recomiendan congelar la carne unos 30 minutos antes de picarla.

En general, los mejores cortes de buey para picar son la falda, la aguja, el redondo y el solomillo. En el caso del cordero son la paletilla y el pecho. Los mejores cortes de cerdo para picar son la paletilla y la panceta magra, mientras que los del venado son la falda y la aguja.

Si escoge cortes más magros, añada un poco de grasa cárnica o un porcentaje de carne más grasa para que el picadillo no se seque durante la cocción. Un poco de grasa aportará sabor y jugosidad a la carne, sobre todo en algunos platos como las hamburguesas.

Antes de empezar, corte la carne en trozos o dados (de unos 2,5 cm [1 in]) para picarla más rápida, cómoda y uniformemente.

Píquela por tandas. Después, cocínela enseguida o refrigérela en un recipiente hermético y consúmala en un par de días como máximo.

Para picar pollo o pavo en casa, elija pechugas de pollo sin el hueso ni la piel o filetes de pechuga de pavo, o bien los contramuslos y muslos deshuesados. Deseche los tendones y la grasa sobrante y corte la carne en dados de 2,5 cm (1 in). Píquela en la picadora o póngala en el robot de cocina y vaya accionando el botón manual en intervalos cortos hasta que quede más gruesa o más fina, según sus preferencias, procurando que no quede triturada. Después, cocínela enseguida o refrigérela como se ha indicado anteriormente.

Lávese bien las manos antes y después de manipular carnes y aves crudas o cocidas. Cuando termine de picar la carne, lave bien la picadora con agua caliente jabonosa, séquela bien y deje secar todos los componentes a temperatura ambiente antes de guardarlos. Lave muy bien la superficie de trabajo y los utensilios con agua caliente jabonosa y desinfecte la encimera y la tabla de cocina, si es posible con un detergente suave o un producto bactericida.

SOPA DE CARNE CON ALUBIAS

PARA: 6 PERSONAS

PREPARACIÓN: 20 MINUTOS

COCCIÓN: 40 MINUTOS

INGREDIENTES

2 cucharadas de aceite vegetal

1 cebolla grande picada

2 dientes de ajo picados

1 pimiento (ají) verde sin las semillas y en rodajas

2 zanahorias en rodajas

400 g/15 oz de alubias (porotos) de careta cocidas

225 g/8 oz de buey (vaca) recién picado

1 cucharadita de cada de comino molido, guindilla (chile, ají picante) molida y pimentón

¼ de col (repollo) en juliana

225 g/8 oz de tomates (jitomates) pelados y picados

600 ml/2½ tazas de caldo de carne

sal y pimienta, al gusto

1. Caliente el aceite en una cazuela a fuego medio. Sofría la cebolla y el ajo, removiendo a menudo, 5 minutos o hasta que se ablanden. Añada el pimiento y la zanahoria y sofría 5 minutos más.

2. Mientras tanto, escurra las alubias, reservando el líquido de la conserva o la cocción. Triture dos tercios de las alubias con el líquido reservado en el robot de cocina o la batidora hasta obtener un puré y reserve las restantes.

3. Eche la carne picada en la cazuela y rehóguela, sin dejar de remover para deshacer los grumos, hasta que se dore bien. Incorpore las especias y prosiga con la cocción, removiendo, 2 minutos. Agregue la col, el tomate, el caldo y el puré de alubias y salpimiente. Llévelo a ebullición, baje el fuego, tape la cazuela y cueza la sopa a fuego lento 15 minutos o hasta que las hortalizas estén tiernas.

4. Incorpore las alubias reservadas, tape la cazuela y prosiga con la cocción 5 minutos más. Reparta la sopa entre 6 platos precalentados y sírvala enseguida.

SOPA DE ARROZ CON ALBÓNDIGAS Y ESPINACAS

PARA: 6 PERSONAS

PREPARACIÓN: 10 MINUTOS

COCCIÓN: 1 HORA, APROX.

INGREDIENTES

2 cebollas

2 cucharadas de aceite de girasol

1 cucharada de cúrcuma molida

1 cucharadita de comino molido

100 g/½ taza de guisantes (arvejas) secos partidos, verdes o amarillos

1,2 litros/5 tazas de caldo de carne

225 g/8 oz de buey (vaca) recién picado

200 g/1 taza de arroz largo

1 cucharada de cilantro picado, y un poco más para adornar

1 cucharada de cebollino (cebollín) picado

55 g/1 taza de espinacas tiernas picadas

25 g/2 cucharadas de mantequilla

2 dientes de ajo picados

3 cucharadas de menta picada

sal y pimienta, al gusto

yogur griego, para servir

1. Ralle una cebolla sobre un bol y pique bien la otra. Caliente el aceite en una cazuela. Sofría la cebolla picada a fuego lento, removiendo de vez en cuando, de 8 a 10 minutos, hasta que se dore. Incorpore la cúrcuma y el comino, añada los guisantes y vierta el caldo. Llévelo a ebullición, baje el fuego, tape la cazuela y cueza la sopa durante 15 minutos.

2. Mientras tanto, ponga la carne picada en el bol con la cebolla rallada, salpimiente y mezcle bien. Forme albóndigas pequeñas con el picadillo.

3. Añada las albóndigas a la sopa, vuelva a taparla y déjela otros 10 minutos a fuego lento. Eche el arroz e incorpore el cilantro, el cebollino y las espinacas. Cueza la sopa a fuego lento, removiendo a menudo, de 25 a 30 minutos, hasta que el arroz esté tierno.

4. Derrita la mantequilla en una sartén. Sofría el ajo a fuego lento, removiendo, 2 o 3 minutos. Incorpore la menta y rehóguela 1 minuto.

5. Reparta la sopa entre 6 cuencos precalentados y añada el ajo sofrito y la menta por encima. Sírvala enseguida con yogur griego y adornada con cilantro.

PASTEL DE CARNE

Existen muchas versiones de este plato casero. En esta se rocía con un glaseado que no solo es delicioso sino que aporta una exquisita jugosidad a la carne.

PARA: 6-8 PERSONAS

PREPARACIÓN: 20 MINUTOS, MÁS REPOSO

COCCIÓN: 1¼ HORAS, APROX.

INGREDIENTES

25 g/2 cucharadas de mantequilla

1 cucharada de aceite de oliva, y un poco más para pintar

3 dientes de ajo picados

2 zanahorias en daditos

1 rama grande de apio, 1 cebolla y 1 pimiento rojo sin las semillas, en daditos

4 champiñones grandes en daditos

1 cucharadita de tomillo, 2 de romero picado y 1 de salsa Worcestershire

6 cucharadas/⅓ de taza de kétchup

½ cucharadita de cayena molida

1,1 kg/2½ lb de buey (vaca) picado refrigerado

2 huevos batidos

55 g/1 taza de pan recién rallado

2 cucharadas de azúcar moreno y 1 de mostaza de Dijon

sal y pimienta, al gusto

1. Derrita la mantequilla con el aceite y el ajo en una sartén grande. Rehogue las hortalizas y los champiñones a temperatura moderada, removiendo a menudo, 10 minutos o hasta que se evapore casi todo el líquido.

2. Aparte la sartén del calor e incorpore las hierbas, la salsa Worcestershire, 4 cucharadas (¼ de taza) del kétchup y la cayena. Déjelo enfriar.

3. Precaliente el horno a 160 °C (325 °F). Engrase un molde rectangular de 23 cm (9 in) de lado.

4. Ponga la carne en un bol y separe los grumos con los dedos. Añada las hortalizas rehogadas y el huevo, salpimiente e incorpórelos también con los dedos. Agregue el pan rallado y mézclelo con suavidad.

5. Pase el pastel de carne al molde. Alíselo con una espátula y cuézalo 30 minutos en el horno precalentado.

6. Mientras tanto, prepare un glaseado batiendo el azúcar con el resto del kétchup, la mostaza y una pizca de sal.

7. Saque el pastel del horno y extienda el glaseado por encima. Devuélvalo al horno y prosiga con la cocción de 35 a 45 minutos más. Para saber si está hecho, realice un corte en medio del pastel para comprobar que la carne ya no está rosada. El jugo que suelte debe ser transparente y estar tan caliente que produzca vapor.

8. Saque el pastel del horno y déjelo reposar al menos 15 minutos. Córtelo en rebanadas gruesas y sírvalo.

HAMBURGUESAS DE BUEY

Hay hamburguesas de sabores, formas y tamaños distintos para satisfacer todos los gustos. La guindilla y la albahaca se han añadido a esta receta tradicional para crear una sorprendente sensación gustativa.

PARA: 4 PERSONAS

PREPARACIÓN:
20 MINUTOS

COCCIÓN:
10–20 MINUTOS

INGREDIENTES

650 g/1½ lb de buey (vaca) picado

1 pimiento (ají) rojo sin las semillas y picado

1 diente de ajo picado

2 guindillas (chiles, ajís picantes) rojas pequeñas sin las semillas y picadas

1 cucharada de albahaca picada

½ cucharadita de comino molido

sal y pimienta, al gusto

ramitas de albahaca, para adornar

panecillos de hamburguesa, para servir

1. Precaliente el gratinador a fuego moderado-fuerte. Ponga la carne, el pimiento, el ajo, la guindilla, la albahaca y el comino en un bol.

2. Mezcle bien los ingredientes y salpimiente.

3. Trabajando el picadillo con las manos, forme 4 hamburguesas. Áselas bajo el gratinador precalentado de 5 a 8 minutos.

4. Deles la vuelta con una espátula y áselas de 5 a 8 minutos por el otro lado. Para saber si las hamburguesas están hechas, realice un corte en medio para comprobar que la carne ya no está rosada. El jugo que suelten debe ser transparente y estar tan caliente que produzca vapor.

5. Adorne las hamburguesas con ramitas de albahaca y sírvalas en panecillos.

¡GRAN IDEA!

Cuando dé forma a las hamburguesas, manipule la carne picada con suavidad. Si la trabajara demasiado quedaría dura y mucho menos apetitosa.

27

PIZZA DE CARNE PICADA

PARA: 2 PERSONAS

PREPARACIÓN: 20 MINUTOS

COCCIÓN: UNOS 30 MINUTOS

INGREDIENTES

aceite de oliva, para engrasar y rociar

175 g/8 oz de buey (vaca) picado

1 cebolla pequeña y 1 diente de ajo picados

1 cucharadita de comino molido

55 g/¼ de taza de pimiento (ají) rojo asado en conserva escurrido y picado

1 cucharada de cilantro picado

4 cucharadas/¼ de taza de concentrado de tomate (jitomate)

115 g/14 oz de mozzarella en lonjas

sal y pimienta, al gusto

BASE DE PIZZA

175 g/1⅓ tazas de harina, y un poco más para espolvorear

¼ de cucharadita de levadura en polvo y 1 pizca de sal

25 g/2 cucharadas de mantequilla en trocitos

100-125 ml/½ taza de leche

1. Precaliente el horno a 200 °C (400 °F) y engrase la bandeja. Para preparar la base de pizza, tamice la harina, la levadura y la sal en un bol. Incorpore la mantequilla con los dedos hasta que adquiera una textura similar a la del pan rallado. Añada 100 ml (½ taza) de la leche y remueva con un cuchillo romo hasta obtener una masa suave, añadiendo más leche si fuera necesario.

2. Vuelque la masa en la encimera espolvoreada con un poco de harina y trabájela con suavidad. Extiéndala en un redondel de 25 cm (10 in) de diámetro y colóquelo en la bandeja del horno. Levante un poco todo el contorno para obtener un reborde.

3. Rehogue la carne con la cebolla, el ajo y el comino a fuego medio en una sartén antiadherente, removiendo a menudo y deshaciendo los grumos de carne con una cuchara de madera, de 5 a 8 minutos, hasta que se dore uniformemente. Incorpore el pimiento y el cilantro y salpimiente.

4. Extienda el concentrado de tomate sobre la base de pizza. Añada la carne rehogada y la mozzarella y rocíelo con aceite. Cueza la pizza en el horno precalentado de 15 a 20 minutos, hasta que esté crujiente. Sírvala enseguida.

ARROZ FRITO CON CARNE PICADA

PARA: 6 PERSONAS

PREPARACIÓN: 5 MINUTOS

COCCIÓN: 25-30 MINUTOS

INGREDIENTES

500 g/2½ tazas de arroz largo

2 cucharadas de aceite de cacahuete (maní)

4 huevos grandes un poco batidos

650 g/1½ lb de buey (vaca) picado

1 cebolla grande picada

2 dientes de ajo picados

140 g/1 taza de guisantes (arvejas) congelados

3 cucharadas de salsa de soja clara

1 cucharadita de azúcar

sal, al gusto

1. Cueza el arroz en una cazuela de agua hirviendo con un poco de sal 15 minutos, o siga las indicaciones del envase, hasta que esté tierno. Escúrralo, enjuáguelo con agua hirviendo y resérvelo.

2. Caliente el wok a fuego medio, vierta el aceite, hágalo girar por todo el wok y caliéntelo. Vierta el huevo y remueva sin parar de 50 a 60 segundos, hasta que cuaje. Resérvelo en un plato.

3. Saltee la carne picada en el wok, deshaciendo los grumos con la ayuda de una cuchara de madera, 4 o 5 minutos, hasta que se dore uniformemente. Añada la cebolla, el ajo y los guisantes, y saltee 3 o 4 minutos más.

4. Eche el arroz cocido, la salsa de soja, el azúcar y el huevo reservado, y saltee un par de minutos más, hasta que todos los ingredientes estén calientes. Sírvalo enseguida.

¡GRAN IDEA!

Esta receta es ideal para aprovechar el arroz que sobre del día anterior. Además, puede prepararlo con la carne y las hortalizas que tenga más a mano.

HAMBURGUESAS DE CERDO AL ROMERO

Una alternativa rápida y fácil a la hamburguesa de buey, esta sabrosa versión está condimentada con ajo y romero y es una buena opción para cualquier día de la semana.

PARA: 4 PERSONAS

PREPARACIÓN:
10 MINUTOS

COCCIÓN:
UNOS 10 MINUTOS

INGREDIENTES

500 g/1 lb de cerdo picado

1 cebolla pequeña picada

1 diente de ajo majado

1 cucharada de romero fresco picado

aceite, para pintar

1 barra pequeña de pan partida por la mitad y en cuatro trozos

2 tomates (jitomates) en rodajas

4 pepinillos en rodajas

4 cucharadas/¼ de taza de yogur griego

2 cucharadas de menta picada

sal y pimienta, al gusto

1. Ponga la carne, la cebolla, el ajo y el romero en un bol, salpimiente y mézclelo con las manos.

2. Divida el picadillo en 4 porciones y deles forma de hamburguesa.

3. Pinte una plancha estriada o una sartén con aceite y ase las hamburguesas de 6 a 8 minutos, dándoles la vuelta una vez, hasta que se doren y estén hechas.

4. Ponga una hamburguesa en la mitad inferior de los trozos de pan y disponga el tomate y el pepinillo encima. Mezcle el yogur con la menta.

5. Aderece las hamburguesas con el yogur a la menta, tape los bocadillos y sírvalos enseguida.

PANES PLANOS RELLENOS DE CERDO

El pan encierra los sabores cálidos de la pimienta, el comino y el cilantro molidos de Oriente Próximo. En esta receta el relleno se envuelve en panes redondos planos, pero queda igual de rico con pan de pita caliente.

PARA: 4 PERSONAS

PREPARACIÓN: 10 MINUTOS, MÁS REFRIGERACIÓN

COCCIÓN: 20 MINUTOS

INGREDIENTES

1 cebolla roja partida por la mitad y en rodajas finas

2 cucharadas de aceite de oliva

450 g/1 lb de cerdo picado

1 cebolla picada

2 dientes de ajo picados

1 cucharada de concentrado de tomate (jitomate)

1 cucharadita de pimienta de Jamaica molida

1 cucharadita de cilantro y 1 de comino molidos

½ cucharadita de copos de guindilla (chile) majados, o al gusto

150 g/1 taza de feta escurrido y desmenuzado

2 cucharadas de cilantro picado

sal y pimienta, al gusto

PARA SERVIR

8 panes planos

guindillas (chiles) encurtidas en rodajas

yogur griego (opcional)

1. Ponga la cebolla roja en un bol que no sea metálico, sálela y resérvela 20 minutos para que se ablande. Enjuáguela bien, estrújela y resérvela.

2. Caliente el aceite a fuego medio en una sartén. Rehogue la carne y la cebolla, removiendo para deshacer los grumos de carne, 5 minutos o hasta que se dore. Retire el exceso de grasa.

3. Añada el ajo, el concentrado de tomate y las especias. Salpimiente y remueva de 1 a 3 minutos, hasta que la carne esté hecha. Incorpore el queso y el cilantro picado.

4. Caliente los panes, de uno en uno, en una sartén grande a fuego medio-fuerte. Disponga una octava parte del relleno en la parte central de cada pan y añada la cebolla roja, guindilla encurtida y, si lo desea, una cucharada de yogur.

5. Doble los panes para encerrar el relleno y pártalos por la mitad. Sírvalos enseguida, antes de que se enfríen.

RISOTTO CON ALBÓNDIGAS

PARA: 4 PERSONAS

PREPARACIÓN:
20 MINUTOS, MÁS
REMOJO

COCCIÓN:
1 HORA Y 15 MINUTOS

INGREDIENTES

1 rebanada gruesa de pan de molde sin la corteza

agua o leche, para remojar

450 g/1 lb de cerdo picado

2 dientes de ajo picados

1 cucharada de cebolla picada

1 cucharadita de pimienta en grano un poco majada

1 huevo un poco batido

aceite vegetal, para freír

400 g/14½ oz de tomate (jitomate) troceado en conserva

1 cucharada de concentrado de tomate (jitomate)

1 cucharadita de orégano y 1 de semillas de hinojo

1 pizca de azúcar

1 litro/4 tazas de caldo de carne

1 cucharada de aceite de oliva

40 g/3 cucharadas de mantequilla

1 cebolla pequeña picada

280 g/1½ tazas de arroz arborio

150 ml/⅔ de taza de vino tinto

sal y pimienta, al gusto

hojas de albahaca, para adornar

1. Ponga el pan en un cuenco, añada agua y déjelo en remojo 5 minutos. Estruje el pan y póngalo en un bol con la carne picada, el ajo, la cebolla, la pimienta y una pizca de sal. Añada el huevo y mezcle bien. Forme 16 albóndigas con el picadillo.

2. Caliente aceite a fuego medio en una sartén. Fría las albóndigas 5 minutos, o hasta que estén hechas. Retírelas y déjelas escurrir sobre papel de cocina.

3. Mezcle el tomate con el concentrado, las hierbas y el azúcar en una cazuela de base gruesa. Eche las albóndigas y llévelo a ebullición. Baje el fuego y cuézalo 30 minutos.

4. Lleve el caldo a ebullición en una cazuela y, después, baje el fuego y déjelo borboteando mientras prepara el risotto.

5. Mientras tanto, caliente el aceite con 25 g (2 cucharadas) de la mantequilla en una cazuela honda hasta que esta se derrita. Rehogue la cebolla 5 minutos, hasta que se dore.

6. Baje el fuego, eche el arroz y remueva bien. Siga removiendo 2 o 3 minutos, o hasta que los granos estén translúcidos. Vierta el vino y déjelo reducir sin dejar de remover.

7. Vierta el caldo poco a poco. Sin dejar de remover, vaya añadiendo más líquido a medida que el arroz lo absorba. Suba un poco el fuego para que el líquido borbotee. Cueza el arroz 20 minutos. Salpimiente.

8. Añada las albóndigas al risotto, reservando la salsa. Apártelo del calor e incorpore el resto de la mantequilla. Remueva bien. Reparta el risotto con albóndigas entre 4 platos. Rocíelo con la salsa, adórnelo con hojas de albahaca y sírvalo enseguida.

PASTEL DE CORDERO CON PURÉ DE PATATA

PARA: 6 PERSONAS

PREPARACIÓN: 10 MINUTOS

COCCIÓN: 1½ HORAS

INGREDIENTES
RELLENO

1 cucharada de aceite de oliva
2 cebollas picadas
2 dientes de ajo picados
675 g/1½ lb de cordero picado
2 zanahorias picadas
1 cucharada de harina
225 ml/1 taza de caldo de carne o de pollo
125 ml/½ taza de vino tinto
salsa Worcestershire (opcional)
sal y pimienta, al gusto

PURÉ DE PATATA

6 patatas (papas) rojas peladas y troceadas
55 g/4 cucharadas de mantequilla
2 cucharadas de nata (crema) líquida o leche

1. Precaliente el horno a 180 °C (350 °F). Caliente el aceite en una cazuela refractaria y sofría la cebolla hasta que se ablande. Añada el ajo y remueva bien. Suba el fuego y eche la carne. Dórela a fuego fuerte sin dejar de remover. Añada la zanahoria y mezcle bien. Incorpore la harina y vierta el caldo y el vino. Remueva bien y caliéntelo hasta que borbotee y se espese.

2. Tape la cazuela y cueza la carne en el horno precalentado 1 hora. Compruebe la consistencia de vez en cuando y, si fuera necesario, añada más caldo o vino. El picadillo debería quedar espeso pero no seco. Salpimiente y, si lo desea, añádale un chorrito de salsa Worcestershire.

3. Mientras tanto, prepare el puré. Ponga a hervir agua con sal y cueza las patatas de 15 a 20 minutos. Escúrralas bien y páselas por el pasapurés. Salpimiente el puré y añada la mantequilla y la nata, removiendo hasta que quede cremoso.

4. Disponga el picadillo en una fuente refractaria y extienda el puré de patata por encima con una espátula o repártalo con la manga pastelera. Suba la temperatura del horno a 200 °C (400 °F) y cueza el pastel en la parte superior del horno de 15 a 20 minutos más, hasta que se dore bien. Sírvalo enseguida.

CON UN PUNTO PICANTE

CHILE BLANCO

Esta versión del chile con carne lleva pollo en lugar de buey y alubias blancas en lugar de rojas. Para que el pollo quede tierno, no lo corte en trozos muy pequeños en el paso 1. No hace falta que quede completamente hecho en este paso, ya que más adelante se retoma la cocción.

PARA: 4 PERSONAS

PREPARACIÓN:
10 MINUTOS

COCCIÓN:
25 MINUTOS

INGREDIENTES

2 cucharadas de aceite de girasol

450 g/1 lb de pollo picado

1 cebolla grande y 2 dientes grandes de ajo, picados

2 cucharaditas de orégano, 1 de tomillo, y 1 de cilantro y 1 de comino molidos

½ cucharadita de cayena molida, o al gusto

400 g/15 oz de alubias (chícharos) blancas cocidas, escurridas y enjuagadas

400 g/14½ oz de tomate (jitomate) troceado en conserva

125 ml/½ taza de concentrado de tomate (jitomate) o salsa de tomate (jitomate)

½ cucharadita de azúcar moreno

sal y pimienta, al gusto

perejil picado, para adornar

arroz largo hervido y nata (crema) agria (opcional), para servir

1. Caliente el aceite a fuego medio-fuerte en una cazuela. Rehogue el pollo con la cebolla, removiendo con una cuchara para deshacer los grumos de 3 a 5 minutos, hasta que la cebolla esté tierna.

2. Añada el ajo, el orégano, el tomillo, el cilantro, el comino y la cayena, y rehogue 1 minuto más.

3. Eche las alubias, el tomate, el concentrado y el azúcar, y salpimiente. Llévelo a ebullición sin dejar de remover. Baje el fuego, tápelo y cuézalo de 10 a 15 minutos, hasta que el pollo esté hecho. Rectifique la sazón.

4. Reparta el arroz entre 4 cuencos, añada el pollo y adórnelo con perejil picado. Sírvalo enseguida, si lo desea con nata agria aparte.

TORTITAS TAILANDESAS DE POLLO

PARA: 4 PERSONAS

PREPARACIÓN:
10 MINUTOS

COCCIÓN:
UNOS 20 MINUTOS

INGREDIENTES

½ manojo de cebolletas
(cebollas tiernas o de verdeo)
limpias y troceadas

1 trozo de jengibre de 3 cm/
1¼ in troceado

3 dientes de ajo majados

1 manojo de cilantro

1 guindilla (chile) roja sin las
semillas y troceada

500 g/1 lb de pollo picado

2 cucharadas de salsa
de soja clara

1 chorrito de salsa de pescado
tailandesa

1 clara de huevo

2 cucharadas de harina

la ralladura fina de 1 lima
(limón)

2-3 cucharadas de aceite,
para freír

sal y pimienta, al gusto

gajos de lima (limón) y salsa de
guindilla (chile) dulce,
para servir

1. Triture la cebolleta, el jengibre, el ajo, el cilantro y la guindilla en el robot de cocina o la batidora hasta que queden bien finos.

2. Páselo a un bol y añada el pollo, la salsa de soja, la salsa de pescado, la clara de huevo, la harina y la ralladura de lima. Salpimiente y remueva.

3. Caliente el aceite en una sartén antiadherente y fría cucharadas de la mezcla por tandas. Fría las tortitas unos 4 minutos por cada lado, hasta que se doren y estén hechas. Resérvelas calientes en un plato mientras fríe el resto.

4. Sirva las tortitas tailandesas con gajos de lima y salsa de guindilla dulce para mojar.

¡GRAN IDEA!

Estas deliciosas tortitas también se pueden modelar en forma de bolitas y servirse pinchadas en palillos a modo de aperitivo.

CUSCÚS AROMÁTICO DE POLLO

PARA: 4 PERSONAS

PREPARACIÓN:
5 MINUTOS

COCCIÓN:
UNOS 30 MINUTOS

INGREDIENTES

2 cucharadas de aceite vegetal

1 cebolla grande picada

2 dientes de ajo picados

1 cucharada de comino molido

1 cucharadita de canela molida

2 cucharaditas de cúrcuma molida

500 g/1 lb de pollo picado

500 ml/2 tazas de caldo de pollo

70 g/½ taza de pasas

250 g/1¼ tazas de cuscús

la ralladura fina y el zumo (jugo) de 1 limón

30 g/¼ de taza de piñones tostados

sal y pimienta, al gusto

hojitas de perejil, para adornar

1. Caliente el aceite en una sartén antiadherente grande y sofría la cebolla a fuego lento, removiendo de vez en cuando, 4 o 5 minutos, hasta que esté tierna. Eche el ajo y las especias y siga sofriendo 1 minuto más a fuego medio.

2. Añada el pollo y rehóguelo, removiendo y deshaciéndolo con la ayuda de una cuchara de madera, 4 o 5 minutos, hasta que empiece a tomar color. Incorpore el caldo y las pasas, tape la sartén y cuézalo a fuego lento de 8 a 10 minutos.

3. Eche el cuscús, salpimiente, remueva y vuelva a tapar la sartén. Cuézalo 5 o 6 minutos a fuego lento, hasta que el cuscús absorba el caldo y esté hecho.

4. Apártelo del calor e incorpore la ralladura y el zumo de limón y los piñones. Adórnelo con hojitas de perejil y sírvalo enseguida.

BOCADILLOS DE PICADILLO DE PAVO

PARA: 4 PERSONAS

PREPARACIÓN:
10 MINUTOS

COCCIÓN:
25–30 MINUTOS

INGREDIENTES

1½ cucharadas de aceite de girasol

1 rama de apio, 1 cebolla y 1 pimiento (ají) rojo sin las semillas, picados

450 g/1 lb de pavo recién picado

1 cucharada de harina

½ cucharadita de cayena molida, o al gusto

1 cucharadita de pimienta de Jamaica y 1 de perejil seco

400 ml/1¾ tazas de crema de tomate (jitomate) en conserva

125 ml/½ taza de agua

4 cucharadas/¼ de taza de kétchup y 1 de salsa Worcestershire

sal y pimienta, al gusto

4 panecillos de hamburguesa y patatas (papas) fritas de bolsa (opcional), para servir

1. Caliente el aceite a fuego medio-fuerte en una cazuela. Rehogue el apio, la cebolla y el pimiento, removiendo, de 3 a 5 minutos, hasta que se ablanden. Añada el pavo y siga rehogando, removiendo con una cuchara de madera para deshacer los grumos, 2 o 3 minutos, o hasta que empiece a estar hecho.

2. Espolvoree la harina por encima, añada la cayena, la pimienta de Jamaica y el perejil, y prosiga con la cocción, removiendo, 1 minuto más.

3. Añada la crema de tomate, el agua, el kétchup y la salsa Worcestershire, y salpimiente. Sálelo con moderación, ya que la salsa Worcestershire es salada. Llévelo a ebullición sin dejar de remover.

4. Baje el fuego al mínimo y cuézalo, removiendo de vez en cuando, de 12 a 15 minutos, hasta que el pavo esté hecho y la salsa se espese, con cuidado de que no se pegue. Rectifique la sazón.

5. Abra los panecillos, tuéstelos y rellénelos con el picadillo. Sirva los bocadillos calientes, con patatas fritas de bolsa, si lo desea.

PIMIENTOS RELLENOS DE PAVO AL ESTILO CRIOLLO

PARA: 4 PERSONAS

PREPARACIÓN:
15 MINUTOS

COCCIÓN:
50–55 MINUTOS

INGREDIENTES

4 pimientos (ajís) rojos grandes

1 cucharada de aceite de girasol, y un poco más para engrasar

40 g/2 oz de chorizo pelado y en dados

300 g/12 oz de pavo picado

1 rama de apio picada

1 cebolla picada

1 pimiento (ají) verde pequeño sin las semillas y picado

100 g/½ taza de arroz largo instantáneo

200 ml/1 taza de caldo caliente de pollo o de verduras

4 cucharadas/¼ de taza de concentrado de tomate (jitomate) o salsa de tomate (jitomate)

2 cucharadas de perejil o cebollino (cebollín) picados

½ cucharadita de tabasco, y un poco más para servir

sal y pimienta, al gusto

ensalada verde, para acompañar

1. Precaliente el horno a 220 °C (425 °F) y engrase una fuente refractaria. Corte la parte superior de los pimientos rojos y retire las semillas y las membranas. Resérvelas con los pimientos.

2. Caliente el aceite a fuego medio-fuerte en una sartén. Fría el chorizo un par de minutos, hasta que suelte la grasa. Retírelo con la espumadera y resérvelo.

3. Reserve 2 cucharadas del aceite de la sartén y deseche el resto. Rehogue el pavo, el apio, la cebolla y el pimiento verde, removiendo con una cuchara de madera para deshacer los grumos de 3 a 5 minutos, hasta que la cebolla esté tierna. Incorpore el arroz.

4. Añada el caldo, el concentrado, el perejil y el tabasco, y salpimiente. Llévelo a ebullición sin dejar de remover. Reparta el relleno entre los pimientos, dispóngalos en la fuente y tápelos con la parte superior cortada. Vierta con cuidado agua hirviendo hasta 2,5 cm (1 in) de la altura de la fuente y tápela bien con papel de aluminio.

5. Ase los pimientos rellenos en el horno de 40 a 45 minutos, o hasta que estén tiernos. Sírvalos calientes o a temperatura ambiente, con ensalada verde y el chorizo reservado.

CHILE CON CARNE

Todo un clásico, ideal para servir en una comida o una cena informal entre amigos. Aunque suele servirse con arroz, está igual de rico con nachos o pan.

PARA: 6 PERSONAS

PREPARACIÓN: 5 MINUTOS

COCCIÓN: 1 HORA Y 45 MINUTOS

INGREDIENTES

2 cucharadas de aceite vegetal

2 cebollas en rodajas finas

2 dientes de ajo picados

650 g/1½ lb de buey (vaca) picado

200 g/¾ de taza de tomate troceado en conserva

5 cucharadas/⅓ de taza de concentrado de tomate (jitomate)

1 cucharadita de comino molido

1 cucharadita de cayena molida

1 cucharada de guindilla (chile) molida

1 cucharadita de orégano

1 hoja de laurel

350 ml/1½ tazas de caldo de carne

400 g/15 oz de alubias (porotos) rojas cocidas, escurridas y enjuagadas

sal, al gusto

arroz hervido, para acompañar

1. Caliente el aceite en una cazuela. Sofría la cebolla y el ajo a fuego lento, removiendo de vez en cuando, 5 minutos o hasta que se ablanden. Eche la carne, suba el fuego a temperatura moderada y vaya desmenuzándola con una cuchara de madera de 8 a 10 minutos, hasta que se dore uniformemente.

2. Incorpore el tomate, el concentrado, el comino, la cayena, la guindilla, el orégano, el laurel y el caldo. Sálelo y llévelo a ebullición. Baje el fuego, tápelo y cuézalo, removiendo de vez en cuando, 1 hora.

3. Añada las alubias, vuelva a taparlo y prosiga con la cocción a fuego lento, removiendo de vez en cuando, 30 minutos más. Deseche el laurel y sirva el chile enseguida acompañado de arroz hervido.

FIDEOS AL HUEVO CON CARNE PICADA

PARA: 6 PERSONAS

PREPARACIÓN: 10 MINUTOS

COCCIÓN: 15–20 MINUTOS

INGREDIENTES

450 g/1 lb de fideos chinos al huevo

2 cucharadas de aceite de sésamo tostado

2 cucharadas de aceite de cacahuete (maní)

1 cebolla picada

650 g/1½ lb de buey (vaca) picado

1 trozo de jengibre fresco de 2,5 cm/1 in en rodajitas

1 guindilla (chile) roja sin las semillas y en rodajitas

1½ cucharaditas de mezcla china de cinco especias

2 zanahorias en rodajitas al bies

1 pimiento (ají) rojo sin las semillas y en dados

85 g/1½ tazas de tirabeques (bisaltos)

175 g/1¾ tazas de brotes de soja

1. Cueza los fideos en una cazuela de agua hirviendo 3 o 4 minutos, o siga las indicaciones del envase, hasta que estén tiernos. Páselos a un bol, rocíelos con 1 cucharada del aceite de sésamo y remueva bien.

2. Caliente el wok a fuego medio, vierta el aceite de cacahuete, gire el wok para que el aceite se extienda bien y caliéntelo. Saltee la cebolla unos minutos, hasta que se ablande. Eche la carne picada en el wok y saltéela, deshaciendo los grumos con una cuchara de madera, de 3 a 5 minutos, hasta que se dore uniformemente.

3. Incorpore el jengibre, la guindilla y la mezcla china de especias, y siga salteando 1 minuto. Añada la zanahoria, el pimiento y los tirabeques. Saltéelo todo 4 minutos más.

4. Agregue los brotes de soja, el resto del aceite de sésamo y los fideos, y saltee otros 2 minutos. Sírvalo enseguida.

PICADILLO PARA NACHOS

Este picadillo rápido y fácil de hacer es rabiosamente picante
y perfecto para las fiestas, servido con apetitosos acompañamientos
y nachos para llevárselo a la boca.

PARA: 4-6 PERSONAS **PREPARACIÓN:** 10 MINUTOS **COCCIÓN:** 20 MINUTOS

INGREDIENTES

1 cucharada de aceite de oliva virgen extra
450 g/1 lb de buey (vaca) picado
1 cucharada de pimentón ahumado
115 g/¾ de taza de maíz (elote) congelado
salsa de tomate (jitomate) con guindilla (chile)
115 g/3 tazas de cilantro picado
sal, al gusto
nachos, para acompañar

ACOMPAÑAMIENTOS (OPCIONALES)

cheddar rallado
nata (crema) agriay tabasco
lechuga en juliana

1. Caliente el aceite a fuego medio-fuerte en una sartén grande. Rehogue la carne, desmenuzando los grumos con una cuchara de madera, 5 minutos o hasta que se dore bien. Eche el pimentón y remueva hasta que se reparta bien y desprenda su aroma. Agregue el maíz y la salsa de tomate.

2. Llévelo a ebullición, baje el fuego, tape la sartén a medias y cuézalo, removiendo de vez en cuando, 10 minutos o hasta que la carne esté hecha. Sálelo. Incorpore el cilantro al picadillo y repártalo entre varios cuencos. Disponga los acompañamientos que prefiera en otros cuencos. Sirva el picadillo enseguida con nachos y los acompañamientos que prefiera.

¡GRAN IDEA!

Encontrará salsa de tomate con guindilla de distintos grados de picante en establecimientos especializados y en Internet.

ALBÓNDIGAS DE BUEY CON SALSA DE GUINDILLA

PARA: 4 PERSONAS

PREPARACIÓN: 20 MINUTOS, MÁS REFRIGERACIÓN

COCCIÓN: 15 MINUTOS

INGREDIENTES

400 g/1 lb de buey (vaca) picado

1½ cucharaditas de cebolla rallada

1 trozo de jengibre de 2 cm/ ¾ in triturado con el prensador de ajos

1 diente de ajo majado

la ralladura fina de ½ limón

½ cucharadita de sal

¼ de cucharadita de pimienta molida

1 buena pizca de copos de guindilla

1 huevo batido

2 cucharaditas de aceite de sésamo tostado

aceite de cacahuete (maní), para freír

250 ml/1 taza de salsa dulce de guindilla (chile) de Sichuan

1 chorrito de zumo (jugo) de limón

3 cebolletas (cebollas tiernas o de verdeo), con la parte verde, en juliana

1. Ponga la carne, la cebolla, el jengibre, el ajo y la ralladura de limón en un bol, y remueva bien con un tenedor. Añada la sal, la pimienta y la guindilla. Incorpore el huevo batido y el aceite de sésamo y mezcle bien.

2. Divida el picadillo en 20 porciones del tamaño de una nuez y redondéelas entre las palmas de las manos hasta que adquieran consistencia. Disponga las albóndigas en un plato, tápelas con film transparente y refrigérelas 30 minutos, o hasta que vaya a freírlas.

3. Vierta 1 cm (½ in) de aceite de cacahuete en el wok. Caliéntelo a 180 °C (350 °F), o hasta que un dado de pan se dore en 30 segundos.

4. Fría las albóndigas de 8 a 10 minutos, dándoles vueltas con unas pinzas hasta que estén doradas. Retírelas del wok y déjelas escurrir sobre papel de cocina. Resérvelas calientes en una fuente de servir precalentada.

5. Vierta la salsa de guindilla en un cazo y cuézala a fuego lento 2 o 3 minutos. Añada el zumo de limón. Nape las albóndigas con la salsa, adórnelas con la cebolleta y sírvalas enseguida.

ANTE TODO, FRESCURA

La carne recién picada, como la de buey, presenta un característico aroma a carne fresca y un uniforme color rosado o rojo subido o más oscuro (la intensidad del color dependerá del tipo de carne). Si se ve descolorida (de un tono marrón grisáceo, gris o marrón intenso), se nota viscosa o pegajosa, o presenta un olor desagradable o agrio, es probable que se haya echado a perder y tenga que tirarla. En caso de duda acerca de la frescura de la carne picada (ya sea roja o blanca), tírela porque podría contener bacterias perjudiciales que desaconsejan su consumo.

En general la que es más oscura y de color uniforme tiene menos grasa que la roja más clara o marcadamente entreverada o moteada de grasa blanca. Cuanto más roja sea la carne picada, menos grasa tendrá. Elija carne roja picada con la menor cantidad posible de grasa (según la receta que vaya a preparar) y, si está envasada, consulte la etiqueta para averiguar el contenido de grasa. El cerdo y el cordero suelen ser grasos, por lo que deberá escurrir el exceso de grasa durante la cocción o bien elegirlos magros.

No obstante, en algunas recetas es mejor que la carne contenga algo de grasa para que quede jugosa y sabrosa. Por ejemplo, para hacer hamburguesas escoja aguja de buey picada con más grasa, ya que esta

irá penetrando en la carne y las hamburguesas quedarán suculentas (la perderán en parte durante la cocción). Para preparar un guiso o una salsa boloñesa, por el contrario, opte por un corte más magro, como redondo o solomillo.

El mejor lugar para comprar la carne es su carnicería de confianza. El carnicero no tendrá ningún problema en picársela delante de usted, así podrá escoger el corte que desee. También encontrará carne picada de producción ecológica, aunque resulta más cara.

ALBÓNDIGAS DE CERDO CON CALDO PICANTE

PARA: 4 PERSONAS **PREPARACIÓN: 20 MINUTOS, MÁS REFRIGERACIÓN** **COCCIÓN: 25 MINUTOS**

INGREDIENTES

1,2 litros/5 tazas de caldo de pollo

¼ -½ guindilla (chile) roja sin las semillas y en rodajitas

½ cucharadita de azúcar de palma o moreno

3 ramitas de tomillo fresco

2 tallos de limoncillo, sin las hojas externas fibrosas y con los tallos chafados con la hoja plana del cuchillo

¼ de cucharadita de pimienta

1 cogollo pequeño de bok choy, con los tallos en trozos y las hojas en juliana

1 cebolleta (cebolla tierna), con la parte verde, en rodajas al bies

1 chorrito de salsa de soja

sal y pimienta, al gusto

ALBÓNDIGAS DE CERDO

225 g/8 oz de cerdo picado

1 chalote (echalote) rallado

1 trozo de jengibre de 2 cm/ ¾ in majado

1 diente de ajo majado

la ralladura fina y el zumo (jugo) de ½ lima (limón)

6 cucharadas/⅓ de taza de aceite de cacahuete (maní)

1. Vierta el caldo en una cazuela. Añada la guindilla, el azúcar, el tomillo, el limoncillo y la pimienta, sálelo y llévelo a ebullición. Baje el fuego y hiérvalo a fuego lento 10 minutos. Aparte el caldo del calor y déjelo enfriar 30 minutos.

2. Para preparar las albóndigas, mezcle la carne con el chalote, el jengibre, el ajo y la ralladura y el zumo de lima. Salpimiente. Mezcle bien con un tenedor. Ponga un trozo de papel de cocina en un plato.

3. Forme de 16 a 20 albóndigas del tamaño de una nuez con el picadillo. Póngalas en el plato forrado con papel y refrigérelas 30 minutos.

4. Caliente un wok grande a fuego fuerte. Vierta el aceite y caliéntelo hasta que esté reluciente. Fría las albóndigas 5 o 6 minutos, hasta que se doren bien y estén hechas. Déjelas escurrir sobre papel de cocina y resérvelas calientes.

5. Retire el tomillo y el limoncillo del caldo y deséchelos. Añada el bok choy y la cebolleta. Llévelo a ebullición y cuézalo a fuego lento 2 minutos, hasta que los tallos del bok choy empiecen a estar tiernos. Condiméntelo con la salsa de soja.

6. Reparta las albóndigas entre 4 cuencos, añada el caldo con las hortalizas y sírvalo enseguida.

TALLARINES DE ARROZ CON CARNE

El nombre tradicional de este plato es «hormigas trepando por un árbol». Se llama así por los trocitos de carne pegados en los tallarines, que recuerdan a una hilera de hormigas caminando por las ramas.

PARA: 4 PERSONAS

PREPARACIÓN: 10 MINUTOS, MÁS ADOBO

COCCIÓN: 6 MINUTOS

INGREDIENTES

250 g/8 oz de tallarines de arroz

1 cucharada de maicena

3 cucharadas de salsa de soja

1½ cucharadas de vino de arroz chino

1½ cucharaditas de azúcar

1½ cucharaditas de aceite de sésamo

350 g/12 oz de buey (vaca) magro picado

1½ cucharadas de aceite de cacahuete (maní)

2 dientes grandes de ajo picados

1 guindilla (chile) roja grande, o al gusto, sin las semillas y en rodajitas

3 cebolletas (cebollas tiernas o de verdeo) picadas

cilantro picado, para adornar

1. Cueza los tallarines siguiendo las indicaciones del envase, escúrralos bien y resérvelos.

2. Mientras tanto, ponga la maicena en un bol y añada la salsa de soja, el vino de arroz, el azúcar y el aceite de sésamo. Remueva hasta obtener una pasta. Agregue la carne y, con las manos, mezcle los ingredientes sin apretar la carne. Deje macerar el picadillo 10 minutos.

3. Caliente un wok a fuego fuerte y vierta el aceite de cacahuete. Saltee el ajo, la guindilla y la cebolleta unos 30 segundos. Añada la carne y el adobo que pueda quedar en el bol, y saltéelo 5 minutos o hasta que la carne haya perdido su color rosado. Eche los fideos y mézclelo todo con dos tenedores. Adórnelo con cilantro picado y sírvalo enseguida.

BROCHETAS DE BUEY Y CORDERO

PARA: 4 PERSONAS

PREPARACIÓN: 15 MINUTOS, MÁS REFRIGERACIÓN

COCCIÓN: 10 MINUTOS

INGREDIENTES

200 g/8 oz de buey (vaca) picado

100 g/4 oz de cordero picado

½ cebolla rallada

2 cucharadas de perejil picado

1 cucharada de cilantro picado

1 diente de ajo majado

1 cucharadita de comino molido

¼ de cucharadita de canela molida

½ cucharadita de pimentón picante, o al gusto

½ cucharadita de pasta harissa, o al gusto

½ cucharadita de sal

1 pizca de cayena, o al gusto

aceite de oliva, para pintar

ensalada verde y pan de pita caliente, para acompañar

1. Triture toda la carne en el robot de cocina. Añada la cebolla, las hierbas aromáticas, el ajo, el comino, la canela, el pimentón, la harissa, la sal y la cayena, y vuelva a accionar el robot hasta que quede bien mezclado.

2. Divida el picadillo en 4 porciones. Cubra unas brochetas metálicas con él formando cilindros. Tape las brochetas con film transparente y refrigérelas al menos 1 hora o mejor aún, si es posible, 4.

3. Precaliente el gratinador. Pinte la carne con aceite y ase las brochetas bajo el gratinador 10 minutos, dándoles vueltas y untándolas con más aceite, si fuera necesario, hasta que estén hechas.

4. Agarre una brocheta por un extremo con una manopla o similar para no quemarse y, con un tenedor, empuje la carne para retirarla de la brocheta. Sírvalo con ensalada verde y pan de pita caliente.

CHILE DE CORDERO

Esta receta se presta a múltiples variaciones. Adapte la cantidad de guindilla fresca y molida a su gusto y sírvalo con pan naan para rebañar bien el plato.

PARA: 6 PERSONAS

PREPARACIÓN:
15 MINUTOS

COCCIÓN:
25–30 MINUTOS

INGREDIENTES

2 cucharadas de aceite de girasol

1 cebolla picada

1 diente de ajo picado

1 cucharadita de jengibre rallado

1 cucharadita de cilantro y ½ de guindilla, molidos

¼ de cucharadita de cúrcuma molida

1 pizca de sal

350 g/12 oz de cordero magro picado

200 g/¾ de taza de tomate (jitomate) troceado en conserva

1 cucharada de menta picada, y unas ramitas para adornar

½ taza de guisantes (arvejas) frescos o congelados

2 zanahorias en bastoncillos

1 guindilla (chile) verde sin las semillas y picada

1 cucharada de cilantro picado

naan u otro tipo de pan plano, para acompañar

1. Caliente el aceite en una sartén grande de base gruesa o una cazuela de hierro fundido. Rehogue la cebolla a fuego lento, removiendo de vez en cuando, 10 minutos o hasta que se dore.

2. Mientras tanto, ponga en un cuenco el ajo, el jengibre, el cilantro y la guindilla molidos, la cúrcuma y la sal, y mézclelo bien. Eche las especias a la sartén y remueva 2 minutos. Añada el cordero y rehóguelo, removiendo y deshaciendo los grumos con una cuchara de madera, de 8 a 10 minutos, hasta que se dore uniformemente.

3. Incorpore el tomate, la menta, los guisantes, la zanahoria, la guindilla y el cilantro picado. Deje que se caliente todo, removiendo, de 3 a 5 minutos. Adórnelo con ramitas de menta y sírvalo enseguida, acompañado de naan.

CON PASTA

ESPAGUETIS CON ALBÓNDIGAS DE POLLO

Las albóndigas de pollo son una alternativa más ligera y de sabor más delicado a las tradicionales albóndigas de buey. Aun así, están igual de ricas y son igual de saciantes.

PARA: 4 PERSONAS

PREPARACIÓN: 15 MINUTOS

COCCIÓN: 35 MINUTOS

INGREDIENTES

3 cucharadas de aceite de oliva

1 cebolla roja picada

400 g/1 lb de pechugas de pollo sin hueso ni piel picadas

55 g/1 taza de pan recién rallado

2 cucharaditas de orégano

1 diente de ajo majado

400 g/14½ oz de tomate (jitomate) troceado en conserva

1 cucharada de concentrado de tomate (jitomate)

300 ml/1¼ tazas de agua

225 g/8 oz de espaguetis o tallarines

sal y pimienta, al gusto

virutas de parmesano, para servir

1. Caliente 1 cucharada del aceite en una sartén grande y sofría la mitad de la cebolla roja unos 5 minutos, hasta que empiece a ablandarse. Deje que se enfríe.

2. Ponga el pollo, el pan rallado, el orégano y la cebolla sofrita en el robot de cocina o la batidora. Salpimiente y píquelo 2 o 3 minutos, hasta que esté homogéneo. Forme 24 albóndigas con el picadillo.

3. Caliente el resto del aceite en una sartén y fría las albóndigas a fuego medio-fuerte 3 o 4 minutos, hasta que se doren bien. Retírelas y resérvelas.

4. Sofría el resto de la cebolla con el ajo en la sartén 5 minutos. Incorpore el tomate, el concentrado y el agua, y llévelo a ebullición. Añada las albóndigas y cuézalas 20 minutos a fuego lento. Salpimiente.

5. Mientras tanto, ponga a hervir en una olla el agua con un poco de sal. Eche la pasta y, cuando vuelva a hervir, prosiga con la cocción de 8 a 10 minutos, hasta que esté al dente. Escúrrala y mézclela con las albóndigas en salsa. Sírvalo enseguida con virutas de parmesano.

LASAÑA DE POLLO Y SETAS

PARA: 4–6 PERSONAS

PREPARACIÓN: 15 MINUTOS

COCCIÓN: 1½ HORAS

INGREDIENTES

2 cucharadas de aceite de oliva

1 cebolla grande picada

500 g/1 lb de pollo o pavo picados

100 g/4 oz de panceta ahumada picada

250 g/3½ tazas de champiñones oscuros picados

100 g/4 oz de setas (hongos) calabaza secas remojadas

150 ml/⅔ de taza de vino blanco seco

400 g/14½ oz de tomate (jitomate) troceado en conserva

3 cucharadas de hojas de albahaca picadas

9 láminas de lasaña precocida

3 cucharadas de parmesano rallado

sal y pimienta, al gusto

BECHAMEL

600 ml/2½ tazas de leche

55 g/4 cucharadas de mantequilla

55 g/⅓ de taza de harina

1 hoja de laurel

1. Precaliente el horno a 190 °C (375 °F). Para preparar la bechamel, caliente la leche con la mantequilla, la harina y el laurel en una cazuela, sin dejar de batir con las varillas, hasta que adquiera una consistencia espesa y homogénea. Salpiméntela, tápela y déjela reposar.

2. Caliente el aceite en una cazuela y rehogue la cebolla 3 o 4 minutos. Añada el pollo y la panceta y rehogue de 6 a 8 minutos más. Incorpore los champiñones y las setas y prosiga con la cocción 2 o 3 minutos más.

3. Vierta el vino y llévelo a ebullición. Añada el tomate, tape la cazuela y cuézalo a fuego lento 20 minutos. Incorpore la albahaca.

4. Disponga 3 láminas de lasaña en una fuente refractaria rectangular y reparta una tercera parte de la salsa de carne por encima. Retire y deseche el laurel de la bechamel. Extienda una tercera parte de la bechamel sobre la carne. Repita la operación dos veces más, terminando con una capa de bechamel.

5. Esparza el parmesano rallado por encima y cueza la lasaña en el horno precalentado de 35 a 40 minutos, hasta que se dore y borbotee. Sírvala enseguida.

POLLO CON ORZO AL HORNO

PARA: 4 PERSONAS

PREPARACIÓN: 15 MINUTOS

COCCIÓN: 40 MINUTOS

INGREDIENTES

100 g/⅓ de taza de ricota escurrida

125 g/1 taza de mozzarella rallada

55 g/½ taza de gruyer rallado

125 g/4 oz de orzo (pasta en forma de granos de arroz)

2 cucharadas de aceite de oliva, y un poco más para engrasar y rociar

450 g/1 lb de pollo picado

1 cebolla grande y 4 dientes grandes de ajo picados

1 cucharada de hierbas secas variadas

500 ml/2 tazas de concentrado de tomate (jitomate) o salsa de tomate (jitomate)

40 g/⅓ de taza de pan bien rallado

sal y pimienta, al gusto

1. Precaliente el horno a 220 °C (425 °F) y engrase una fuente de servir refractaria de 1,2 litros (1½ cuartos de galón) de capacidad. Bata la ricota con la mozzarella y la mitad del gruyer en un bol, y resérvelo.

2. Ponga a hervir una olla de agua con un poco de sal. Eche la pasta y, cuando vuelva a hervir, cuézala 2 minutos menos del tiempo indicado en el envase.

3. Mientras tanto, caliente el aceite a fuego medio-fuerte en una sartén. Sofría la cebolla 2 o 3 minutos, hasta que esté tierna. Añada el pollo, el ajo y las hierbas, y remueva con una cuchara de madera para deshacer los grumos 2 minutos, o hasta que empiece a estar hecho. Incorpore el concentrado de tomate, salpimiente, llévelo a ebullición y cuézalo 10 minutos.

4. Escurra la pasta y póngala enseguida en el bol con el queso. Agregue el picadillo y remueva hasta que se derrita el queso.

5. Páselo a la fuente refractaria y alíselo con una espátula. Mezcle el resto del gruyer con el pan rallado y espárzalo sobre la pasta. Rocíela con aceite. Cuézalo en el horno precalentado de 20 a 25 minutos, hasta que se dore y el queso borbotee. Sírvalo enseguida.

CANELONES DE PAVO Y SETAS

PARA: 4 PERSONAS **PREPARACIÓN: 15 MINUTOS** **COCCIÓN: 1¾ HORAS**

INGREDIENTES

mantequilla, para engrasar

2 cucharadas de aceite de oliva

2 dientes de ajo majados

1 cebolla grande picada

225 g/8 oz de setas (hongos) silvestres en láminas

350 g/12 oz de pavo picado

115 g/4 oz de jamón serrano en dados

150 ml/⅔ de taza de vino tinto

200 g/¾ de taza de tomate (jitomate) troceado en conserva

1 cucharada de hojas de albahaca en juliana

2 cucharadas de concentrado de tomate (jitomate)

10-12 tubos de canelones

600 ml/2½ tazas de bechamel (véase la página 74)

85 g/1 taza de parmesano recién rallado

sal y pimienta, al gusto

1. Precaliente el horno a 190 °C (375 °F). Engrase con moderación una fuente refractaria grande. Caliente el aceite en una sartén de base gruesa. Rehogue el ajo, la cebolla y las setas a fuego lento, removiendo a menudo, de 8 a 10 minutos. Añada el pavo y el jamón y siga removiendo 12 minutos o hasta que se doren uniformemente. Incorpore el vino, el tomate, la albahaca y el concentrado, y déjelo al fuego 4 minutos más. Salpimiente, tape la sartén y deje cocer el picadillo 30 minutos a fuego lento. Destápelo, remueva y prosiga con la cocción otros 15 minutos.

2. Mientras tanto, ponga a hervir una olla de agua con un poco de sal. Eche la pasta y, cuando vuelva a hervir, prosiga con la cocción de 8 a 10 minutos, hasta que esté al dente. Retírela con una espumadera, póngala en un plato y séquela con papel de cocina.

3. Rellene los tubos de canelones con cucharaditas del picadillo de pavo y setas y vaya colocándolos en la fuente. Nápelos con la bechamel de modo que quede bien repartida y esparza el parmesano por encima.

4. Cueza los canelones en el horno precalentado 30 minutos, o hasta que se doren y borboteen. Sírvalos enseguida.

TROFIE CON PAVO AL PESTO

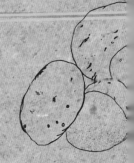

En Italia, las *trattorie* de la costa del mar de Ligur sirven una especialidad regional a base de un tipo de pasta alargada conocida como *trofie*, patatas nuevas cocidas y judías verdes, todo ello condimentado con pesto casero. Aquí el pavo picado aporta sustancia a este plato principal.

PARA: 4 PERSONAS

PREPARACIÓN: 10 MINUTOS

COCCIÓN: 12 MINUTOS

INGREDIENTES

150 g/6 oz de trofie o macarrones finos

100 g/4 oz de patatas (papas) nuevas sin pelar bien limpias y en rodajas finas

100 g/1 taza de judías verdes (chauchas) redondas troceadas (del mismo tamaño que la pasta)

2 cucharadas de aceite de oliva

450 g/1 lb de pavo picado

2 dientes grandes de ajo majados

150 g/½ taza de pesto

sal y pimienta, al gusto

parmesano o pecorino recién rallados, para servir

1. Ponga a hervir una olla de agua con 1 cucharadita de sal. Eche la pasta y, cuando vuelva a hervir, cuézala 12 minutos, hasta que esté al dente. Eche las patatas en la olla 7 minutos antes de que finalice la cocción y las judías verdes, 2 minutos después de las patatas.

2. Mientras tanto, caliente el aceite de oliva a fuego medio-fuerte en una sartén grande. Rehogue el pavo, removiendo con una cuchara de madera para deshacer los grumos, 5 minutos o hasta que empiece a dorarse. Añada el ajo y siga removiendo 1 minuto más, hasta que el pavo esté hecho. Retírelo de la sartén y resérvelo caliente.

3. Cuando la pasta y las hortalizas estén tiernos, escúrralos, reservando unas cucharadas del líquido de cocción. Devuélvalos a la olla, añada el pavo rehogado y el pesto y mezcle bien. Si fuera necesario, añada un poco del líquido reservado. Salpimiente.

4. Repártalo entre 4 platos precalentados y sírvalo enseguida, con abundante queso rallado.

STROGONOFF DE PAVO

PARA: 4 PERSONAS

PREPARACIÓN: 10 MINUTOS

COCCIÓN: 25 MINUTOS

INGREDIENTES

3 cucharadas de aceite de girasol

450 g/1 lb de pavo picado

30 g/2 cucharadas de mantequilla

1 cebolla picada

2 dientes grandes de ajo majados

250 g/3½ tazas de champiñones oscuros en láminas finas

4 cucharaditas de mostaza de Dijon y nuez moscada recién rallada, al gusto

450 ml/2 tazas de nata (crema) agria

zumo (jugo) de limón recién exprimido, al gusto

sal y pimienta, al gusto

perejil picado y tallarines cocidos, para servir

1. Caliente el aceite a fuego medio-fuerte en una sartén grande. Rehogue el pavo, removiendo con una cuchara de madera para deshacer los grumos, de 4 a 6 minutos, hasta que esté hecho. Retírelo con una espumadera y resérvelo.

2. Reserve 1 cucharada del aceite de la sartén y deseche el resto. Añádale la mantequilla y caliéntela hasta que se derrita. Rehogue la cebolla de 3 a 5 minutos, hasta que esté tierna. Incorpore el ajo y los champiñones y salpimiente. Siga rehogando, removiendo, 5 minutos o hasta que el líquido que sueltan los champiñones se reduzca.

3. Incorpore la mostaza y la nuez moscada y devuelva el pavo a la sartén. Añada la nata agria y llévelo a ebullición sin dejar de remover. Baje el fuego y cuézalo unos minutos a fuego lento, hasta que empiece a reducirse. Vierta zumo de limón al gusto y rectifique la sazón.

4. Reparta los tallarines entre 4 platos y nápelos con la salsa. Adórnelo con perejil picado y sírvalo enseguida.

SALSA BOLOÑESA

PARA: 4 PERSONAS **PREPARACIÓN: 10 MINUTOS, MÁS REMOJO** **COCCIÓN: 1¾ HORAS**

INGREDIENTES

25 g/1 oz de setas (hongos) calabaza secas

125 ml/½ taza de agua templada

1 cucharada de mantequilla

55 g/2 oz de panceta curada en dados

1 cebolla pequeña picada

1 diente de ajo picado

2 zanahorias pequeñas en daditos

2 ramas de apio en daditos

300 g/12 oz de buey (vaca) picado

1 pizca de azúcar

nuez moscada recién rallada, al gusto

1 cucharada de concentrado de tomate (jitomate)

125 ml/½ taza de vino tinto

250 ml/1 taza de concentrado de tomate (jitomate) o salsa de tomate (jitomate)

sal y pimienta, al gusto

1. Deje las setas calabaza en remojo en el agua templada 20 minutos.

2. Derrita la mantequilla en una cazuela y rehogue la panceta.

3. Añada la cebolla y el ajo y siga rehogando hasta que la cebolla esté translúcida. Incorpore la zanahoria y el apio y prosiga con la cocción unos minutos más, removiendo a menudo.

4. Añada la carne y rehóguela sin dejar de remover. Salpimiente y agregue el azúcar y un poco de nuez moscada. Eche la cucharada de concentrado, remueva un par de minutos más y, a continuación, vierta el vino. Incorpore la taza de concentrado o salsa de tomate. Corte las setas en láminas finas y añádalas a la salsa. Con un colador de malla fina, cuele el agua del remojo en la cazuela. Deje espesar la salsa 1 hora a fuego lento.

¡GRAN IDEA!

Aunque esta sustanciosa salsa suele servirse con espaguetis, con otros tipos de pasta también está rica. Para variar, sírvala con arroz hervido o pan para mojar.

ESPAGUETIS  CON ALBÓNDIGAS

Este conocido plato italoamericano gusta a grandes y pequeños. En esta receta las albóndigas son pequeñas, pero si lo prefiere puede hacer menos cantidad pero más grandes.

PARA: 4 PERSONAS

PREPARACIÓN: 25 MINUTOS

COCCIÓN: 35 MINUTOS

INGREDIENTES

1 cucharada de aceite de oliva

1 cebolla pequeña picada

2 dientes de ajo picados

2 ramitas de tomillo fresco picadas

650 g/1½ lb de buey (vaca) picado

25 g/½ taza de pan recién rallado

1 huevo un poco batido

450 g/1 lb de espaguetis

sal y pimienta, al gusto

SALSA

1 cebolla en cuñas

3 pimientos (ajís) rojos, sin semillas y por la mitad

400 g/14½ oz de tomate (jitomate) troceado en conserva

1 hoja de laurel

sal y pimienta, al gusto

1. Caliente el aceite de oliva en una sartén. Sofría la cebolla y el ajo a fuego lento 5 minutos o hasta que estén tiernos. Aparte la sartén del calor y ponga el sofrito en un bol con el tomillo, la carne, el pan rallado y el huevo. Salpimiente y mezcle bien. Forme 20 albóndigas con el picadillo.

2. Caliente una sartén antiadherente grande a fuego lento-medio. Ase las albóndigas, removiendo con suavidad y dándoles varias vueltas, 15 minutos o hasta que empiecen a estar uniformemente doradas.

3. Mientras tanto, precaliente el gratinador. Ponga las cuñas de cebolla y el pimiento, con la piel hacia arriba, en la rejilla del gratinador y áselos, dándoles la vuelta a menudo, 10 minutos o hasta que el pimiento se chamusque. Meta el pimiento en una bolsa de plástico, anúdela y deje que se entibien.

4. Pele el pimiento. Trocéelo y póngalo en el robot de cocina o la batidora con la cebolla asada y el tomate. Tritúrelo hasta obtener una salsa homogénea y salpimiente. Póngala en una cazuela con el laurel y llévela a ebullición. Baje el fuego y cuézala, removiendo de vez en cuando, 10 minutos. Retire y deseche el laurel.

5. Mientras tanto, ponga a hervir una olla de agua con un poco de sal. Eche los espaguetis y, cuando el agua vuelva a hervir, cuézalos de 8 a 10 minutos, hasta que estén al dente. Escúrralos y sírvalos enseguida con las albóndigas y la salsa.

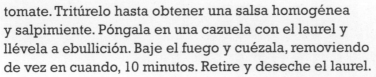

LASAÑA SIN BECHAMEL

Muchos países tienen su propia versión de este clásico italiano. En esta, típica de Estados Unidos, la bechamel se sustituye por capas de parmesano rallado antes de cubrirla de tomate y hornearla.

PARA: 4 PERSONAS

PREPARACIÓN: 15 MINUTOS

COCCIÓN: 1¾ HORAS, MÁS REPOSO

INGREDIENTES

2 cucharadas de aceite de oliva

55 g/2 oz de panceta curada o beicon picados

1 diente de ajo y 1 cebolla picados

225 g/8 oz de buey (vaca) picado

2 zanahorias, 2 ramas de apio y 2 tazas de champiñones, picados

1 pizca de orégano

5 cucharadas/⅓ de taza de vino tinto

150 ml/⅔ de taza de caldo de carne

1 cucharada de concentrado de tomate (jitomate)

225 g/8 oz de láminas de lasaña precocida

115 g/1½ tazas de parmesano rallado

400 g/14½ oz de tomate (jitomate) troceado en conserva

hojas de albahaca troceadas

sal y pimienta, al gusto

ensalada verde, para acompañar

1. Caliente el aceite en una cazuela. Rehogue la panceta a fuego medio, removiendo de vez en cuando, 2 o 3 minutos. Baje el fuego, eche el ajo y la cebolla a la cazuela y siga rehogando, removiendo, 5 minutos o hasta que se ablanden.

2. Añada la carne, suba el fuego a temperatura moderada y vaya desmenuzando los grumos con una cuchara de madera de 8 a 10 minutos, hasta que se dore uniformemente. Incorpore la zanahoria, el apio y los champiñones, y prosiga con la cocción, removiendo de vez en cuando, otros 5 minutos. Añada el orégano, vierta el vino y el caldo e incorpore el concentrado de tomate. Salpimiente. Llévelo a ebullición, baje el fuego y cuézalo 40 minutos.

3. Precaliente el horno a 190 °C (375 °F). En una fuente refractaria rectangular grande, forme capas alternas de salsa de carne, láminas de pasta y parmesano. Vierta el tomate por encima de modo que los ingredientes queden bien cubiertos. Cueza la lasaña en el horno precalentado 30 minutos. Saque la fuente del horno y déjela reposar 10 minutos. Adorne la lasaña con albahaca, pártala en 4 porciones y sírvala con ensalada verde.

MACARRONES CON CARNE GRATINADOS

Los socorridos macarrones con tomate se han transformado aquí en un plato sustancioso y saciante. Cuando pruebe esta versión con carne seguro que la otra le resulta sosa.

PARA: 4 PERSONAS

PREPARACIÓN:
15 MINUTOS

COCCIÓN:
1 HORA Y 15 MINUTOS

INGREDIENTES

2 cucharadas de aceite de oliva

1 cebolla picada

1 diente de ajo picado

500 g/1 lb de buey (vaca) picado

500 g/1⅓ tazas de maíz (elote) en conserva escurrido

400 g/14½ oz de tomate (jitomate) troceado en conserva

1 cucharadita de hierbas secas variadas

225 g/8 oz de macarrones

40 g/3 cucharadas de mantequilla

40 g/⅓ de taza de harina

500 ml/2 tazas de leche

2 cucharaditas de mostaza de Dijon

200 g/1⅔ tazas de cheddar rallado

sal y pimienta, al gusto

1. Caliente el aceite en una cazuela. Rehogue la cebolla y el ajo a fuego lento, removiendo de vez en cuando, 5 minutos o hasta que se ablanden. Añada la carne, suba el fuego a temperatura moderada y rehóguela, desmenuzando los grumos con una cuchara de madera, de 8 a 10 minutos, hasta que se dore uniformemente. Incorpore el maíz, el tomate y las hierbas, y salpimiente. Baje el fuego, tape la cazuela y cuézalo, removiendo de vez en cuando, de 25 a 30 minutos.

2. Ponga a hervir una olla de agua con un poco de sal. Eche la pasta y, cuando el agua rompa de nuevo el hervor, cuézala 10 minutos, hasta que esté al dente.

3. Mientras tanto, precaliente el gratinador. Derrita la mantequilla en un cazo. Espolvoree la harina por encima y rehóguela 2 minutos sin parar de remover. Aparte el cazo del fuego e incorpore la leche poco a poco. Devuélvalo al fuego y, sin dejar de remover, llévelo a ebullición. Cueza la salsa a fuego lento, removiendo sin parar, hasta que se espese y esté homogénea. Apártela del calor e incorpórele la mostaza y 150 g (1½ tazas) de queso. Remueva hasta que el queso se derrita.

4. Escurra los macarrones y añádalos a la salsa de queso, removiendo bien. Extienda el picadillo de carne en una fuente refractaria y añada los macarrones. Esparza el resto del queso por encima y gratínelo 4 o 5 minutos, hasta que se dore y borbotee. Sírvalo enseguida.

ESPIRALES CON CARNE Y CHAMPIÑONES

PARA: 4 PERSONAS

PREPARACIÓN:
15 MINUTOS

COCCIÓN:
30–40 MINUTOS

INGREDIENTES

2 cucharadas de aceite de oliva

1 cebolla picada

1 diente de ajo picado

1 rama de apio picada

1 zanahoria picada

500 g/1 lb de buey (vaca) magro picado

150 g/2 tazas de champiñones en láminas

400 g/14½ oz de tomate troceado en conserva

1 cucharada de concentrado de tomate (jitomate)

1 cucharadita de azúcar

1 pizca de orégano

1 cucharada de perejil picado

175 g/6 oz de espirales

175 ml/¾ de taza de vino tinto

1½ cucharadas de caldo de carne concentrado o 1 pastilla de caldo de carne

sal y pimienta, al gusto

1. Caliente el aceite en una cazuela con tapadera ajustada. Rehogue la cebolla, el ajo, el apio y la zanahoria a fuego lento, removiendo de vez en cuando, 5 minutos o hasta que se ablanden. Añada la carne, suba el fuego a temperatura moderada y rehóguela, removiendo y desmenuzando los grumos con una cuchara de madera, de 5 a 8 minutos, hasta que se dore uniformemente.

2. Eche los champiñones y prosiga con la cocción 3 o 4 minutos. Añada el tomate, el concentrado, el azúcar, las hierbas, los espirales y el vino. Incorpore el caldo concentrado y el agua justa para cubrir los ingredientes y remueva.

3. Baje el fuego, tape la cazuela herméticamente y cuézalo de 15 a 20 minutos, hasta que los espirales estén al dente y la salsa se espese. Salpimiente. Sírvalo enseguida.

CONSERVACIÓN Y CONSUMO

Al ocupar una mayor superficie, la carne una vez picada suele ser más perecedera. Pierde calidad y sabor enseguida, por ello hay que utilizarla lo antes posible y cocinarla hasta que esté bien hecha. Si la pica en casa, lo ideal es prepararla en el último momento.

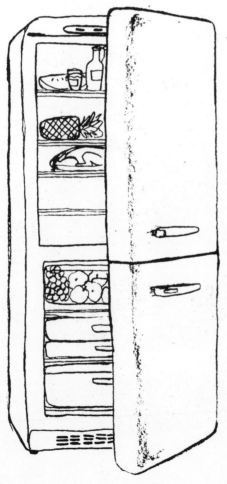

Guárdela en un recipiente tapado o hermético (para que el jugo no gotee y contamine otros alimentos) en la parte inferior del frigorífico y consúmala en el plazo de un par de días o, si está envasada, dentro de la fecha de consumo preferente. Si la compra en el supermercado puede guardarla en el envase original (a veces viene al vacío), siempre y cuando esté herméticamente cerrado.

La carne picada debe congelarse el mismo día de la compra y consumirse en el plazo de un mes. Para descongelarla, déjela en el frigorífico toda la noche (dentro de un plato para que no gotee el jugo). Una vez descongelada debe consumirse lo antes posible, en 24 horas. No congele carne picada previamente congelada, solo en el caso de que antes la cocine.

Si compra proteína vegetal texturizada fresca, refrigérela y consúmala dentro de la fecha de consumo preferente. Una vez abierto el envase, refrigérela en un recipiente tapado o hermético 24 horas como máximo. O puede congelarse el mismo día de la compra y consumirse en 3 meses.

Igual que todos los alimentos, la proteína vegetal texturizada congelada solo puede volverse a congelar (1 mes) una vez cocinada. Si está congelada, puede añadirla directamente o descongelarla antes, aunque siempre es mejor consultar las indicaciones de consumo de la etiqueta para cerciorarse.

MACARRONES CON CERDO Y BECHAMEL

PARA: 4 PERSONAS

PREPARACIÓN: 10 MINUTOS

COCCIÓN: 1¼ HORAS

INGREDIENTES

2 cucharadas de aceite de oliva

1 cebolla picada

1 diente de ajo picado

2 zanahorias en dados

55 g/2 oz de panceta curada picada

115 g/2 tazas de champiñones en láminas

450 g/1 lb de cerdo picado

125 ml/½ taza de vino blanco seco

4 cucharadas/¼ de taza de concentrado de tomate (jitomate) o salsa de tomate (jitomate)

200 g/¾ de taza de tomate (jitomate) troceado en conserva

2 cucharaditas de salvia picada, y unas ramitas para adornar

225 g/8 oz de macarrones

140 g/5 oz de mozzarella en dados

4 cucharadas/¼ de taza de parmesano recién rallado

300 ml/1¼ tazas de bechamel (véase la página 74)

sal y pimienta, al gusto

1. Precaliente el horno a 200 °C (400 °F). Caliente el aceite en una sartén grande de base gruesa. Rehogue la cebolla, el ajo y la zanahoria a fuego lento, removiendo de vez en cuando, 5 minutos o hasta que la cebolla se ablande.

2. Añada la panceta y rehogue otros 5 minutos. Eche los champiñones y prosiga con la cocción, removiendo, 2 minutos más. Agregue el cerdo picado y rehóguelo hasta que se dore. Incorpore el vino, el concentrado, el tomate y la salvia. Salpimiente, llévelo a ebullición, tape la sartén y déjelo cocer a fuego lento de 25 a 30 minutos.

3. Mientras tanto, ponga a hervir una olla de agua con un poco de sal. Eche los macarrones y, cuando el agua vuelva a hervir, cuézalos de 8 a 10 minutos o hasta que estén al dente. Extienda el picadillo de cerdo en una fuente refractaria grande. Mezcle la mozzarella y la mitad del parmesano con la bechamel.

4. Escurra bien los macarrones, mézclelos con la bechamel y repártalos sobre el picadillo de la fuente. Esparza el resto del parmesano por encima y cuézalo en el horno precalentado de 25 a 30 minutos, o hasta que los macarrones se doren bien. Sírvalo enseguida, adornado con ramitas de salvia.

MACARRONES CON CORDERO Y YOGUR

Esta receta comparte sus orígenes con un plato tradicional griego a base de cordero. Delicioso tanto caliente como frío y acompañado de ensalada verde o, si lo prefiere, hortalizas cocidas.

PARA: 4 PERSONAS

PREPARACIÓN: 10 MINUTOS

COCCIÓN: 1 HORA Y 40 MINUTOS APROX.

INGREDIENTES

1 cucharada de aceite de oliva

1 cebolla, 2 dientes de ajo y 450 g/1 lb de cordero, picados

2 cucharadas de concentrado de tomate (jitomate) y 2 de harina

300 ml/1¼ tazas de caldo de pollo

1 cucharadita de canela molida

115 g/4 oz de macarrones

2 tomates (jitomates) grandes en rodajas

300 ml/1¼ tazas de yogur griego

2 huevos un poco batidos

sal y pimienta, al gusto

ensalada verde, para acompañar

1. Precaliente el horno a 200 °C (375 °F). Caliente el aceite en una sartén grande de base gruesa. Rehogue la cebolla y el ajo a fuego lento, removiendo de vez en cuando, 5 minutos o hasta que se ablanden. Añada el cordero y dórelo bien, desmenuzando los grumos con una cuchara de madera. Añada el concentrado de tomate y, después, esparza la harina por encima. Remueva 1 minuto e incorpore el caldo. Sazone con sal, pimienta y la canela. Llévelo a ebullición, baje el fuego, tape la sartén y cuézalo 25 minutos.

2. Mientras tanto, ponga a hervir una olla de agua con un poco de sal. Eche los macarrones y, cuando el agua vuelva a hervir, cuézalos de 8 a 10 minutos o hasta que estén al dente.

3. Escurra los macarrones y mézclelos con la salsa de carne. Páselo a una fuente refractaria grande y disponga las rodajas de tomate por encima. Bata el yogur con los huevos y viértalo sobre el tomate. Cuézalo en el horno precalentado 1 hora. Sírvalo enseguida con ensalada verde para acompañar.

APERITIVOS DELICIOSOS

BROCHETAS DE PICADILLO DE POLLO

PARA: 8 PERSONAS

PREPARACIÓN: 10 MINUTOS

COCCIÓN: 10 MINUTOS

INGREDIENTES

450 g/1 lb de pollo picado

1 cebolla picada

1 guindilla (chile) roja sin las semillas y picada

2 cucharadas de pasta de curry rojo tailandés

1 cucharadita de azúcar de palma o moreno

1 cucharadita de cilantro molido

1 cucharadita de comino molido

1 clara de huevo

8 tallos de limoncillo

arroz hervido y cebolleta (cebolla tierna o de verdeo) picada, para servir

ramitas de cilantro, para adornar

1. Mezcle el pollo con la cebolla, la guindilla, la pasta de curry y el azúcar en un bol hasta obtener una pasta. Incorpore el cilantro, el comino y la clara de huevo, y vuelva a mezclar.

2. Precaliente el gratinador a temperatura máxima. Divida el picadillo en 8 porciones y presiónelas alrededor de un tallo de limoncillo cada una. Disponga las brochetas en la rejilla del gratinador y áselas, dándoles la vuelta a menudo, 8 minutos o hasta que se doren y estén hechas. Sírvalas enseguida, acompañadas de arroz hervido mezclado con cebolleta picada y adornadas con ramitas de cilantro.

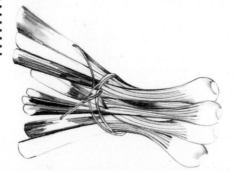

¡GRAN IDEA!

Sirva las brochetas con ensalada verde y una salsa para mojar. Pruebe a mezclar salsa de soja oscura con copos de guindilla majados, jengibre y ajo molidos y un chorrito de aceite de sésamo.

DIM SUM

Por tradición, estos deliciosos paquetitos cantoneses se sirven en vaporeras de bambú o platos de postre acompañados de té verde o de crisantemo.

PARA: 20-24 UNIDADES

PREPARACIÓN: 20 MINUTOS

COCCIÓN: 15-25 MINUTOS

INGREDIENTES

300 g/12 oz de pollo picado

½ manojo de cebolletas (cebollas tiernas o de verdeo) limpias y picadas

2 cucharadas de cilantro picado

1 cucharada de salsa de soja

1 cucharada de jengibre rallado

1 cucharada de vinagre de vino de arroz

20-24 láminas de pasta para wonton

pimienta, al gusto

salsa dulce de guindilla (chile) y salsa de soja oscura, para mojar

1. Ponga el pollo, la cebolleta, el cilantro, la salsa de soja, el jengibre y el vinagre en un bol, y mézclelo con un tenedor. Sazone con pimienta.

2. Ponga una cucharadita del relleno en el centro de cada lámina de wonton. Con las yemas de los dedos, humedezca el contorno de la pasta con agua templada. Junte dos extremos opuestos de cada lámina, apretándolos bien para encerrar el relleno, y después los otros dos para formar un paquetito.

3. Coloque una capa de dim sum en una vaporera de bambú. O bien forre la base de una vaporera metálica con papel vegetal y ponga el dim sum encima. Encájela en una cazuela con agua hirviendo, tápelo y cuézalo 7 u 8 minutos al vapor.

4. Aparte la vaporera del calor y sirva el dim sum enseguida con salsa de guindilla y salsa de soja para mojar.

CHIMICHANGAS

**PARA: UNAS
10 UNIDADES**

**PREPARACIÓN:
20-25 MINUTOS**

**COCCIÓN:
25-30 MINUTOS**

INGREDIENTES

2 cucharadas de aceite vegetal,
y un poco más para freír

1 cebolla picada

250 g/8 oz de pollo picado

1 guindilla (chile) roja sin las
semillas y picada

1 pimiento (ají) rojo
sin las semillas y picado

100 g/⅔ de taza de maíz (elote,
choclo) en conserva escurrido

4 cebolletas (cebollas tiernas o
de verdeo) limpias y picadas

¼ de taza de salsa de tomate
(jitomate) al estilo mexicano

10 tortillas de harina pequeñas

sal y pimienta, al gusto

1. Caliente 2 cucharadas del aceite en una sartén antiadherente y rehogue la cebolla y el pollo 4 o 5 minutos, hasta que el pollo empiece a dorarse y la cebolla se ablande.

2. Añada la guindilla y el pimiento y siga rehogando 2 o 3 minutos. Apártelo del calor y agregue el maíz, la cebolleta y la salsa de tomate. Salpimiente y páselo a un bol. Limpie la sartén con papel de cocina.

3. Caliente una tortilla de harina por ambos lados en la sartén. Disponga una cucharada del relleno en el centro, dóblela por dos lados y remeta los otros dos para formar un paquetito cuadrado. Fíjelo con un palillo. Repita la operación con el resto de las tortillas y del relleno.

¡GRAN IDEA! No fría más de 2 o 3 unidades a la vez, como se indica. Si llenara demasiado la sartén, bajaría la temperatura del aceite y las chimichangas quedarían aceitosas.

4. Caliente aceite abundante en una sartén. Fría 2 o 3 chimichangas unos 2 minutos, deles la vuelta y fríalas 2 o 3 minutos más por el otro lado, hasta que se doren bien. Si prefiere freírlas en la freidora, caliente el aceite a 180 o 190 °C (350 o 375 °F), o hasta que un dado de pan se dore en 30 segundos. Déjelas escurrir sobre papel de cocina y resérvelas calientes mientras fríe el resto. Sírvalas enseguida.

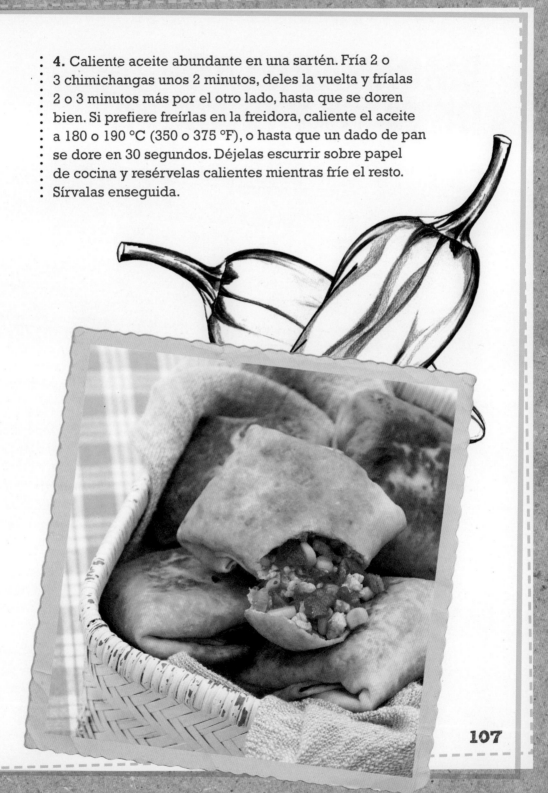

EMPANADILLAS DE PAVO Y CHORIZO

PARA: 8 UNIDADES

PREPARACIÓN:
30 MINUTOS

COCCIÓN:
30 MINUTOS

INGREDIENTES

2 cucharadas de aceite vegetal, y un poco más para engrasar

1 cebolla picada

2 dientes de ajo picados

250 g/8 oz de pavo picado

50 g/2 oz de chorizo picado

2 cucharaditas de pimentón ahumado

1 pimiento (ají) amarillo sin las semillas y picado

70 g/½ taza de guisantes (arvejas) congelados

2 cucharadas de perejil picado

1 lámina de hojaldre, descongelado si fuera necesario

1 huevo mediano batido

sal y pimienta, al gusto

1. Precaliente el horno a 180 °C (350 °F). Caliente el aceite en una sartén antiadherente y rehogue la cebolla 4 o 5 minutos, hasta que se ablande. Agregue el ajo y rehogue 1 minuto más.

2. Añada el pavo, el chorizo, el pimentón y el pimiento, y siga rehogando de 6 a 8 minutos más, hasta que el pavo se dore uniformemente. Incorpore los guisantes y el perejil y salpimiente.

3. Extienda bien el hojaldre en la encimera espolvoreada con un poco de harina y recórtelo en 8 redondeles con un plato de taza de café. Disponga un poco de relleno en una mitad de cada porción. Con un pincel de repostería, pinte el contorno del hojaldre con un poco de huevo batido. Doble los redondeles por la mitad sobre el relleno y pellizque los bordes para que no se salga.

4. Engrase con moderación una fuente refractaria. Ponga las empanadillas en la fuente y píntelas con el resto del huevo batido. Cuézalas en el horno precalentado de 15 a 18 minutos, hasta que se doren. Sírvalas enseguida.

TRIÁNGULOS DE CARNE CON PIÑONES

PARA: 15 UNIDADES

PREPARACIÓN: 30-40 MINUTOS

COCCIÓN: 30-35 MINUTOS

INGREDIENTES

1 cucharada de aceite de oliva

1 cebolla pequeña picada

2 dientes de ajo picados

1 cucharadita de cilantro molido

1 cucharadita de comino molido

300 g/12 oz de buey (vaca) picado

4 cucharadas/¼ de taza de menta picada

2 cucharadas de piñones

2 patatas (papas) rojas peladas y troceadas

55 g/½ taza de cheddar rallado

115 g/1 barra de mantequilla derretida

10 láminas de pasta filo

sal, al gusto

salsa de tomate (jitomate) a la albahaca, para acompañar

1. Caliente el aceite en una sartén grande. Rehogue la cebolla y el ajo a fuego lento, removiendo de vez en cuando, 5 minutos o hasta que se ablanden. Incorpore el cilantro y el comino y siga rehogando, removiendo, 3 minutos más. Añada la carne, la mitad de la menta y los piñones. Suba el fuego a temperatura moderada y prosiga con la cocción, removiendo y desmenuzando los grumos de la carne con una cuchara de madera, de 8 a 10 minutos, hasta que se dore uniformemente. Sálelo.

2. Cueza las patatas en agua con un poco de sal de 15 a 20 minutos, hasta que estén tiernas pero no deshechas. Escúrralas, póngalas en un bol, cháfelas bien y mézclelas con el queso hasta que se derrita. Incorpore el picadillo de carne al puré de patata.

3. Precaliente el horno a 200 °C (400 °F). Pinte 2 bandejas de horno con mantequilla. Pinte una lámina de pasta filo con mantequilla, ponga otra encima y engrásela. Corte la doble capa de pasta filo a lo largo en 3 tiras. Disponga una cucharada colmada del relleno en la parte inferior de una tira y doble la punta más próxima de pasta por encima para formar un triángulo. Siga doblando la pasta en triángulos para obtener un paquetito y colóquelo en una bandeja. Prepare 14 triángulos más. Píntelos con mantequilla y hornéelos de 8 a 10 minutos. Sírvalos con salsa de tomate a la albahaca templada.

BOLITAS DE ARROZ RELLENAS DE CARNE

PARA: 4 PERSONAS

PREPARACIÓN: 30 MINUTOS, MÁS ENFRIADO

COCCIÓN: 1 HORA

INGREDIENTES

300 g/1½ tazas de arroz largo

55 g/4 cucharadas de mantequilla

2 cucharadas de parmesano rallado y 1 de perejil picado

1 cucharada de aceite de oliva

1 chalote (echalote) picado

1 diente de ajo picado

115 g/4 oz de buey (vaca) picado

100 ml/½ taza de vino blanco seco

2 cucharadas de concentrado de tomate (jitomate)

115 g/4 oz de mozzarella en dados

2 huevos

55 g/⅓ de taza de harina

aceite de girasol, para freír

sal y pimienta, al gusto

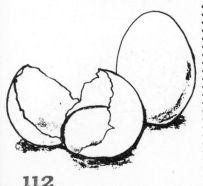

1. Cueza el arroz en una cazuela de agua hirviendo con un poco de sal unos 15 minutos, hasta que esté tierno. Escúrralo, enjuáguelo con agua hirviendo y devuélvalo a la cazuela. Incorpore la mitad de la mantequilla, el parmesano y el perejil. Extienda el arroz en una fuente refractaria y déjelo enfriar.

2. Mientras tanto, derrita la mantequilla restante con el aceite en una cazuela. Rehogue el chalote y el ajo a fuego lento, removiendo de vez en cuando, 5 minutos o hasta que se ablanden. Añada la carne, suba el fuego a temperatura moderada y vaya removiendo y desmenuzando los grumos con una cuchara de madera de 5 a 8 minutos, hasta que se dore uniformemente. Incorpore el vino y prosiga 5 minutos con la cocción. Baje el fuego, agregue el concentrado de tomate, tape la cazuela y cueza el picadillo 15 minutos a fuego lento. Salpimiente.

3. Cuando el arroz se haya enfriado, dele forma de bolitas. Haga una pequeña hendidura en cada una y rellénelas con una cucharada del relleno y un dado de queso. Vuelva a darles forma. Bata los huevos en un plato y extienda la harina en otro. Pase las bolitas de arroz primero por el huevo y después por la harina. Caliente aceite abundante en la freidora a 180 o 190 °C (350 o 375 °F), o hasta que un trozo de pan se dore en 30 segundos. Fría las bolitas por tandas hasta que se doren bien y sírvalas enseguida.

CROQUETAS

PARA: 6 PERSONAS

PREPARACIÓN: 30 MINUTOS, MÁS REFRIGERACIÓN

COCCIÓN: 35-45 MINUTOS

INGREDIENTES

9 patatas (papas) rojas peladas y troceadas

1 cebolla picada

500 g/1 lb de buey (vaca) picado

1 cucharada de cebollino (cebollín) picado

1 cucharada de perejil picado

2 cucharaditas de salsa Worcestershire o kétchup

3 huevos

3 cucharadas de harina

175 g/3½ tazas de pan recién rallado

aceite de girasol, para freír

sal y pimienta, al gusto

1. Cueza las patatas en agua con un poco de sal de 20 a 25 minutos, hasta que estén tiernas pero no deshechas. Escúrralas bien, póngalas en un bol y cháfelas con un tenedor hasta hacerlas puré.

2. Añada la cebolla, la carne, el cebollino, el perejil y la salsa Worcestershire, y salpimiente. Mézclelo bien hasta obtener una pasta. Tápela con film transparente y refrigérela de 30 a 45 minutos, hasta que adquiera consistencia.

3. Humedézcase las manos y forme 12 croquetas con la pasta. Bata un poco los huevos en un plato llano, extienda la harina en otro y el pan rallado en un tercero.

4. Vierta 1 cm (½ in) de aceite en una sartén grande y caliéntelo. Mientras tanto, reboce las croquetas con la harina y, a continuación, páselas por el huevo batido y finalmente por el pan rallado. Sacúdalas para que se desprenda el pan rallado que no se haya adherido.

5. Fría las croquetas a fuego medio en la sartén, por tandas si fuera necesario, dándoles la vuelta de vez en cuando, de 8 a 10 minutos, hasta que estén crujientes y uniformemente doradas. Retírelas de la sartén con una espátula y resérvelas calientes mientras fríe el resto. Sírvalas enseguida.

WONTONS DE CARNE Y SETAS

PARA: 12–15 UNIDADES   **PREPARACIÓN:** 30 MINUTOS   **COCCIÓN:** 15 MINUTOS

INGREDIENTES

12-15 láminas de pasta para wonton

aceite de cacahuete (maní), para freír

SALSA DE SOJA Y JENGIBRE, PARA MOJAR

3 cucharadas de salsa de soja

2 cucharaditas de jengibre bien rallado

RELLENO

125 g/4 oz de redondo o solomillo de buey (vaca) picados

1 cebolleta (cebolla tierna), con la parte verde, picada

2 champiñones grandes picados

1 diente de ajo pequeño picado

½ cucharadita de jengibre picado

½ cucharadita de salsa de soja

¼ de cucharadita de sal

¼ de cucharadita de pimienta blanca recién molida

⅛ de cucharadita de mezcla china de cinco especias

½ cucharadita de maicena

1 huevo batido

1. Para preparar la salsa, mezcle la salsa de soja con el jengibre en un cuenco de servir y resérvela.

2. Para preparar el relleno, mezcle la carne con la cebolleta, los champiñones, el ajo y el jengibre en un bol. Aparte, mezcle la salsa de soja con la sal, la pimienta, las especias y la maicena hasta obtener una pasta fluida. Añádala al picadillo e incorpore el huevo batido. Mézclelo bien con un tenedor.

3. Separe las láminas de wonton, póngalas en una fuente y gírelas de modo que queden frente a usted en forma de rombo. Tápelas con un paño de cocina limpio humedecido para que no se agrieten. Disponga una cucharadita algo redondeada del relleno en la parte inferior de una de las láminas, a 1 cm (½ in) de la punta. Doble la punta sobre el relleno y vaya envolviendo dos tercios de la lámina, dejando una punta suelta en la parte superior. Humedezca las esquinas derecha e izquierda de la pasta con un poco de agua. Doble una encima de la otra y presione con suavidad. Repita la operación hasta rellenar y formar todos los wontons.

4. Caliente abundante aceite en un wok a 180 o 190 °C (350 o 375 °F), o hasta que un trozo de pan se dore en 30 segundos. Fría los wontons por tandas 4 o 5 minutos, hasta que se doren bien. Retírelos con unas pinzas y déjelos escurrir sobre papel de cocina. Sírvalos con la salsa para mojar.

2

3

4

117

EN BUENA COMPAÑÍA

Una vez haya elegido un plato a partir de la tentadora selección de recetas de carne picada de este libro, quizá se pregunte cómo puede servirlo para completar el ágape. A continuación encontrará ideas sencillas y rápidas para servir sus creaciones con la guarnición ideal.

• Las patatas fritas caseras o asadas al horno son el acompañamiento por excelencia de las hamburguesas. Una vez hechas, salpiméntelas con moderación. Pruébelas con las hamburguesas de pollo con beicon (página 14) o las hamburguesas de cerdo al romero (página 32).

• Las cuñas de patata (o boniato) asadas son una magnífica alternativa a las patatas fritas. Sírvalas tal cual o sazónelas antes de asarlas con un aderezo cajún o jamaicano, limón, ajo molido con pimienta o cualquier otro condimento de su elección. O bien condiméntelas con perejil o cebollino picados recién salidas del horno. Irresistibles con las hamburguesas de buey (página 26) y el pastel de pavo (página 16).

• Para acompañar unas sabrosas albóndigas en salsa, como las albóndigas de buey con salsa de guindilla (página 58), no hay nada como las gachas de maíz (sin condimentos o con hierbas aromáticas frescas, como tomillo o romero, o copos de guindilla majados y cheddar rallado) o la polenta a las hierbas rehogada o asada.

• Hierva arroz largo con especias aromáticas como canela en rama y vainas de cardamomo verde majadas y le dará un toque irresistible para acompañar platos de carne picada (deseche las especias antes de servir el plato). Pruébelo con el chile de cordero (página 68) o el chile con carne (página 52).

• Enriquezca el cuscús o el bulgur con hojas de ensalada, como berros o rúcula, cebolleta y pepino y un suave aliño a base de limón, hierbas o guindilla. Sírvalos con brochetas o albóndigas en salsa.

• Los tubérculos variados asados (como boniatos, apionabos, zanahorias y chirivías), dorados y crujientes, son una deliciosa guarnición para platos como el pastel de carne (página 24).

• Las remolachas asadas glaseadas con miel o los chalotes asados caramelizados combinan bien con platos como la calabaza rellena de pollo (página 12).

• Unte unas hortalizas troceadas (como pimientos de varios colores, calabacín y cebolla roja) con aceite, sazónelas con ajo picado (y, si lo desea, tomillo fresco picado), salpimiéntelas y áselas en el horno bien caliente hasta que estén tiernas y algo chamuscadas. Hacia el final de la cocción, añádales unos tomates cherry o cuñas de tomate maduro. Perfecto para acompañar hamburguesas y brochetas asadas.

• Los guisantes y las judías verdes a la menta, o las judías verdes con un aliño de avellana, son el mejor acompañamiento para el pastel de cordero con puré de patata (página 38).

• A veces basta con una sencilla guarnición. Unas hortalizas salteadas, unas espinacas rehogadas con chalote, unos puerros a la mantequilla, una ensalada verde, una ensalada de col casera (con pipas de girasol o de calabaza para darle un punto crujiente) o una ensalada variada con un aliño ligero pero sabroso son guarniciones rápidas y sencillas para platos como la pizza de carne picada (página 28), el risotto con albóndigas (página 36) o los canelones de pavo y setas (página 78).

• Cueza las patatas con apionabo, boniato, chirivía o zanahoria para enriquecer el puré. Sazónelo con pimienta y hierbas aromáticas frescas, como cebollino o perejil picados. Delicioso para acompañar albóndigas en salsa, como cobertura para gratinar, o como acompañamiento del strogonoff de pavo (página 82).

WONTONS CRUJIENTES DE CERDO

Con las láminas de wonton compradas, hacer estas delicias en casa será pan comido. Si va a servirlas como plato principal en lugar de aperitivo, calcule unas 15 por persona.

PARA: 20 UNIDADES

PREPARACIÓN: 15 MINUTOS

COCCIÓN: 15 MINUTOS

INGREDIENTES

3 cebolletas (cebollas tiernas o de verdeo) troceadas

1 diente de ajo troceado

1 guindilla (chile, ají picante) roja pequeña sin las semillas y troceada

250 g/8 oz de cerdo picado

20 láminas de pasta para wonton

aceite vegetal, para freír

sal, al gusto

1. Ponga la cebolleta, el ajo, la guindilla y el cerdo en el robot de cocina y sálelo. Tritúrelo hasta obtener una pasta.

2. Saque las láminas de pasta del envase pero déjelas apiladas y tápelas con un paño de cocina limpio y humedecido para evitar que se sequen. Coloque una de las láminas de modo que quede frente a usted en forma de rombo y pinte los bordes con agua. Ponga una pequeña cantidad de relleno cerca de una de las puntas y doble la lámina de manera que cubra el relleno. Presione los bordes para sellar el wonton y darle forma de media luna. Repita la operación hasta rellenar todos los wontons.

3. Caliente abundante aceite en un wok a 180 o 190 °C (350 o 375 °F), o hasta que un trozo de pan se dore en 30 segundos. Fría los wontons por tandas de 45 segundos a 1 minuto, hasta que estén crujientes y dorados y el relleno esté hecho. Retírelos del wok con la espumadera, déjelos escurrir sobre papel de cocina y resérvelos calientes mientras fríe el resto. Sírvalos enseguida.

ROLLITOS DE PRIMAVERA

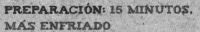

Con un delicioso relleno a base de cerdo
y gambas, estos rollitos crujientes conforman
un aperitivo irresistible.

PARA: 20 UNIDADES

PREPARACIÓN: 15 MINUTOS, MÁS ENFRIADO

COCCIÓN: 15 MINUTOS

INGREDIENTES

6 setas (hongos) chinas secas, remojadas en agua templada 20 minutos

1 cucharada de aceite vegetal, y un poco más para freír

225 g/8 oz de cerdo picado

1 cucharadita de salsa de soja oscura

100 g/¾ de taza de brotes de bambú en conserva enjuagados y en juliana

1 pizca de sal

100 g/4 oz de gambas (camarones) peladas, sin el hilo intestinal y picadas

225 g/2 tazas de brotes de soja troceados

1 cucharadita de cebolleta (cebolla tierna o de verdeo) picada

20 láminas de pasta para rollitos de primavera

1 clara de huevo un poco batida

1. Estruje las setas para retirar toda el agua, deseche los tallos más duros y córtelas en láminas finas.

2. Caliente un wok a fuego fuerte y vierta el aceite. Saltee el cerdo hasta que esté hecho y pierda el color rosado.

3. Añada la salsa de soja, el bambú, las setas y la sal. Saltéelo a fuego fuerte 3 minutos.

4. A continuación, eche las gambas peladas y siga salteando otros 2 minutos, hasta que se vuelvan rosadas y empiecen a enroscarse. Añada los brotes de soja y saltee 1 minuto más. Apártelo del calor e incorpore la cebolleta. Déjelo enfriar.

5. Ponga una cucharada del relleno en la parte inferior de una lámina de pasta. Empiece a enrollarlo por el lado del relleno, remetiendo los extremos para obtener un rollito de 10 cm (4 in). Selle los bordes con clara de huevo.

6. Caliente aceite abundante en la freidora a 180 o 190 °C (350 o 375 °F), o hasta que un trozo de pan se dore en 30 segundos. Fría los rollitos unos 5 minutos, hasta que estén dorados y crujientes.

EMPANADILLAS DE CERDO Y COL

PARA: 24 UNIDADES

PREPARACIÓN:
30–35 MINUTOS

COCCIÓN:
20–25 MINUTOS

INGREDIENTES

24 láminas de pasta
para wonton

2 cucharadas de aceite,
para pintar

aceite, para freír

2 cucharadas de vinagre
de arroz

2 cucharadas de salsa de soja

RELLENO

100 g/1½ tazas de col (repollo)
china en juliana

2 cebolletas (cebollas tiernas o
de verdeo) picadas

115 g/4 oz de cerdo picado

1 trozo de jengibre de 1 cm/
½ in bien rallado

2 dientes de ajo majados

1 cucharada de salsa de soja

2 cucharaditas de mirin

1 pizca de pimienta blanca

sal, al gusto

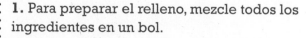

1. Para preparar el relleno, mezcle todos los ingredientes en un bol.

2. Coloque una lámina de wonton plana sobre la palma de la mano y disponga una cucharadita colmada del relleno en el centro. Pinte todo el contorno de la pasta con un poco de agua.

3. Doble los lados de la lámina sobre el relleno de modo que el doblez quede en la parte superior, y pellízquelo. Pinte el borde rizado con un poco más de agua y hágale unos pequeños pliegues.

4. Repita la operación hasta formar todas las empanadillas. Caliente un poco de aceite en una sartén honda con tapa y disponga las empanadillas que quepan espaciadas.

5. Fríalas 2 minutos, o hasta que se doren. Vierta agua hasta llenar 3 mm ($^1/_8$ de in) de la altura de la sartén, tápela y cueza las empanadillas a fuego lento 6 minutos, hasta que la pasta esté translúcida y cocida. Retírelas y resérvelas calientes mientras prepara el resto.

6. Ponga el vinagre en un cuenco pequeño de servir y añada la salsa de soja y unas gotas de agua.

7. Pase las empanadillas a una fuente de servir y sírvalas con la salsa para mojar.

BROCHETAS DE CORDERO CON PURÉ DE GARBANZOS

PARA: 4 PERSONAS

PREPARACIÓN: 25 MINUTOS, MÁS REFRIGERACIÓN

COCCIÓN: 25-30 MINUTOS

INGREDIENTES

250 g/8 oz de cordero magro picado

1 cebolla picada

1 cucharada de cilantro picado

1 cucharada de perejil picado

½ cucharadita de cilantro molido

½ cucharadita de guindilla (chile, ají picante) molida

aceite, para engrasar

sal y pimienta, al gusto

PURÉ DE GARBANZOS

1 cucharada de aceite de oliva

2 dientes de ajo picados

400 g/15 oz de garbanzos (chícharos) cocidos, escurridos y enjuagados

50 ml/¼ de taza de leche

2 cucharadas de cilantro picado

sal y pimienta, al gusto

ramitas de cilantro, para adornar

1. Ponga el cordero, la cebolla, las hierbas y la guindilla en el robot de cocina, y salpimiente. Tritúrelo hasta obtener una pasta.

2. Divida el picadillo de carne en 12 porciones y, con las manos humedecidas, deles forma de salchicha alrededor de unas brochetas de madera (previamente remojadas para que no se quemen durante la cocción). Tape las brochetas y refrigérelas durante 30 minutos.

3. Para asarlas, precaliente a fuego medio una plancha estriada y píntela con un poco de aceite. Áselas en dos tandas, dándoles la vuelta de vez en cuando, 10 minutos o hasta que se doren uniformemente y estén hechas.

4. Para preparar el puré de garbanzos, caliente el aceite en una cazuela y sofría el ajo a fuego lento 2 minutos. Eche los garbanzos y la leche y caliéntelo unos minutos. Tritúrelo en el robot de cocina o la batidora hasta obtener un puré. Salpimiente e incorpore el cilantro picado. Adorne el puré de garbanzos con ramitas de cilantro y sírvalo con las brochetas.

ÍNDICE ANALÍTICO